本丛书是

国家社会科学基金"十三五"规划教育学重大招标课题"中国特色社会主义教育理论体系研究"(课题批准号:VAA190001)之成果

上海市社会科学界联合会中国教育学学术话语体系与创新研究基地成果

"生命·实践"教育学研究丛书
总目

1. 理论基石：叶澜教育思想的概念生成研究　　伍红林　侯怀银◎著
2. 回到元点：叶澜教育思想的形上之维　　孙元涛　刘良华◎著
3. 理实转化：叶澜"教育理论—实践观"研究　　李政涛◎著
4. 现代转向：叶澜学校变革思想研究　　卜玉华◎著
5. 生命自觉：叶澜教育价值思想研究　　张向众◎著
6. 天地人事：叶澜终身教育思想研究　　李家成◎著
7. 成己成人：叶澜教师观解读　　王枬◎著
8. 诗性智慧：叶澜教育研究的审美意蕴探究　　张永　庞庆举◎著
9. 生成之路：叶澜与"生命·实践"教育学派创建　　袁德润◎著

丛书责编　韩华球　刘立德

本卷责编　赖婷婷　程军

"十四五"国家重点图书出版规划项目

"生命·实践"教育学研究丛书

王 枬 李政涛 ◎ 主编

张 永 庞庆举 ◎ 著

诗性智慧：叶澜教育研究的审美意蕴探究

中国教育出版传媒集团

人民教育出版社

·北京·

图书在版编目（CIP）数据

诗性智慧：叶澜教育研究的审美意蕴探究/张永，庞庆举著. —北京：人民教育出版社，2022.4
（2023.7重印）
（"生命·实践"教育学研究丛书/王枬，李政涛主编）
ISBN 978-7-107-36385-6

Ⅰ.①诗… Ⅱ.①张… ②庞… Ⅲ.①叶澜—教育思想—研究 Ⅳ.①G40-092.76

中国版本图书馆CIP数据核字（2022）第020942号

诗性智慧：叶澜教育研究的审美意蕴探究

出版发行	人民教育出版社	
	（北京市海淀区中关村南大街17号院1号楼　邮编：100081）	
网　　址	http://www.pep.com.cn	
经　　销	全国新华书店	
印　　刷	山东临沂新华印刷物流集团有限责任公司	
版　　次	2022年4月第1版	
印　　次	2023年7月第2次印刷	
开　　本	787毫米×1 092毫米　1/16	
印　　张	15.25	
字　　数	210千字	
印　　数	2 001～4 000册	
定　　价	58.00元	

版权所有·未经许可不得采用任何方式擅自复制或使用本产品任何部分·违者必究
如发现内容质量问题、印装质量问题，请与本社联系。电话：400-810-5788

总 序
学派建设：在深究与阐述中共进

为他人研究我的教育思想的丛书写序，这是我有生以来第一次，可以肯定也就这么一次了。何以如此？是自我膨胀到无以复加的地步了？非也。我可以肯定地回答，头脑尚清醒。说到底，只因这里的"他人"是特殊的"他人"，是我的学生，更重要的是，他们是"生命·实践"教育学派团队的核心成员。我这样做，是出于现阶段本学派建设的需要：完成代际转换。

也许是因为忙碌，不知不觉间，我已跨入晚年这一生命的最后阶段。若问什么是还让我操心和放不下的，那就是"生命·实践"教育学派的持续发展。作为首创者，我有不可推卸的责任，就是使他们——既是学派建设的参与者，又是今后学派建设后续的中坚力量，有更长足的学术成长与发展。我认为，学派建设需要他们对我的教育思想有作为学派成员意义上的、更为深入的了解和研究。于是我生出此意：趁我现在尚清醒，开始推动"'生命·实践'教育学研究丛书"的写作。大家对此欣然赞同。自2018年3月桂林会议始，至今年3月已整整三年了。大家先是各自按自己的研究基础和兴趣做选择、提出专题，然后再共同讨论。从确定丛书的书目，到一本本提纲的讨论，线上线下，一次、二次……直到大家思路基本一致，每个人才开始写作。丛书共9卷，由王枬、李政涛任主编。因我是全过程的参与者，大家给了我一个相对轻松的任务：写丛书总序。

　　对年轻人过多的操心和不放心，也许是老年人的通病。我在学派建设上尤其如此。进入2021年5月，我连续几天通读了每一部发给人民教育出版社的书稿，知道自己过虑了。从提交的书稿看，作者都尽心尽力地做着，不仅大量阅读了我的论文、专著、讲话稿，而且大量阅读了相关主题的国内外论著，在阐发中拓展和深化了对学派关键性问题的认识。无论是对概念、元研究、教育价值、学校改革大主题的研究，还是从理论与实践的转化、教师发展、终身教育、审美等多维度切入的研究，包括相当详细的学派创生史的撰述，都让我为他们的视界和深思、学术上的成熟和个性呈现而惊喜。我实在是"多虑"了。其实，何止"多虑"，我在不少方面已不如他们了。他们已经发我之未发，述我之未述，清我之未清，理我之未理了。

　　我为有这样一支来自曾是我的学生的学派创建的合作者和新生代的力量而倍增信心。多年来，我读他们的时候为多，这套丛书是他们合在一起读我。学派建设初期，这样的队伍结构不可避免，但随着我的淡出，他们将站在学派建设的舞台中央。这次是他们第一次集中的群体亮相。其中，可以读出的不仅是他们在学术和思想、功底和才华上各有千秋，还可以读出一起成长的浓浓的师生情和创建学派的共同追求。

　　情，是要一起做成任何事不可或缺的黏合剂，但也许正是"情"，会妨碍、局限和遮蔽他们对我思想的不足及问题的深度揭示与批判。但无奈，我只能先让非我的"局中人"来写。书稿完成以后的公开出版，正是为了让更多的"非局中人"来审视我和他们，对促进我们的学派建设提出批评和帮助，也期望能为中国教育学的建设、为更多学派的诞生提供资源或借鉴。

借此序，我讲出自己的心愿和期望；借此序，我表达对团队的深深感激；借此序，我深谢人民教育出版社，这一素以稳健持重享有盛誉的教育出版社，助"生命·实践"教育学派这个尚还幼稚的学术生命体一臂之力。尤谢各位责编的鼎力相助。

叶澜

2021年5月9日于上海

本卷前言

2014年，笔者之一张永完成了对"生命·实践"教育美学的初次探究。自那时到现在，审美问题一直萦绕于心。七年来，随着对由叶澜首创并持续主持创建的"新基础教育"研究和"生命·实践"教育学的沉浸与体认，我们一方面更加清晰地感受到审美是叶澜教育研究的重要维度之一，另一方面也越来越意识到七年前的探索只是提出了问题，还远远没有解决这个问题。通过本书的撰写，我们尝试系统地解决这个问题。

本书从"诗性智慧"概念出发建构本项研究的话语系统。诗性智慧是生命活力由内而外的涌流和律动。诗性智慧内含着诗性心智、诗性思维和诗性语言，三者之间是层层外化的同心圆关系：诗性心智是最深层，即审美心性，主要是指有关审美的一些最基本的前提假设；诗性思维是中间层，即审美眼光，主要是指美学视角或有关审美的思维方式；诗性语言是最外层，即审美表征，主要是指作为审美对象的语言形式与意象等。借助这一"三环结构"可以立体地追寻生命活力之美。

中文"美"字在创生之初，即围绕人的生命生存，以生命与生命的相遇、相与，让生命的存在因之变得更美好，呈现出综合交互、对称呼应的具体抽象形式，蕴含着交相辉映的生命气象和思维方式，洋溢着相得益彰的和乐气息与价值追求。在后世万变又不离其宗的发展中，"美"具有了自然、文化、社会与精神等多种形态，但一直是包括内在价值、思维方式和表达方式等多层呼应的有机整体。在叶澜教育研究中，生生不息、通过生命让生命变得更美好，是"美"的核心价值；交互转化、综合融通，是其独特的思维方式；情理交融、远譬近喻、洞微烛远，是其显著的表达方式。由这一系列诗性心智、思维与语言构成的诗性智慧，是叶澜教育研究中美的基本特质。

作为本项研究的分析框架，诗性智慧这一话语系统将贯穿始终，分析所得便是叶澜教育研究的审美意蕴，由此也确定了本书书名的基本内涵。

基于对叶澜教育研究文本的体悟和践行，本书在结构上以叶澜"新基础教育"研究与改革理论的聚焦点——学校为分析单位，把这一分析单位的两个层面、三大领域作为核心内容。这三大领域也是叶澜教育研究的用力之处和诸多文本的汇集点。本书将用三个章节分别加以探究，包括第三章"生生相长：课堂教学之美"、第四章"生命拔节：综合活动之美"和第六章"卓然独立：学校境界之美"。

"新基础教育"研究与改革具有研究性变革实践这一独特方法论，这一方法论贯串于以学校为单位的整体转型性变革过程中。本书第五章"扎根生长：实践研究之美"对这一研究方法论的审美意蕴进行了探究。

第二章为"行云流水：校园时空之美"，意味着本书从学校最显性的存在——校园自然环境开始，探究叶澜教育研究在这一主题上的审美意蕴。最后一章为"曲尽其妙：概念言说之美"，对叶澜教育研究文本叙述的审美意蕴加以探究。

本书由我和庞庆举通力合作完成。初稿的基本分工是：张永,第一章、第二章、第四章、第六章、第七章;庞庆举,第三章、第五章。在完成初稿基础上,我们两人相互进行了补充完善。

张永　庞庆举

2021年5月1日

(本书作者张永、庞庆举现任华东师范大学教育学部副教授)

目 录

第一章　诗性智慧：探寻生命活力 / 1
　　一、概念释义 / 2
　　二、概念解析 / 7
　　　　（一）诗性心智 / 7
　　　　（二）诗性思维 / 11
　　　　（三）诗性语言 / 15

第二章　行云流水：校园时空之美 / 21
　　一、盎然生气 / 23
　　　　（一）新自然观 / 23
　　　　（二）自然之子 / 25
　　　　（三）时空意象 / 28
　　二、熙和人气 / 32
　　　　（一）空间营造 / 33
　　　　（二）场所体验 / 35
　　三、蔚然文气 / 40
　　　　（一）文化建设 / 40
　　　　（二）特色彰显 / 45

第三章　生生相长：课堂教学之美 / 51
　　一、一生多维 / 53
　　　　（一）一以贯之的育人价值 / 54
　　　　（二）多维价值的开发开启 / 60

二、涌动相生 / 69
　　　　（一）具体个人的多维涌动 / 70
　　　　（二）教学共生体互动生成 / 74
　　三、螺旋化成 / 82
　　　　（一）具体推进中螺旋化成 / 83
　　　　（二）长程累进中螺旋化成 / 87

第四章　生命拔节：综合活动之美 / 91
　　一、滴水映日 / 93
　　　　（一）参与激活 / 94
　　　　（二）成人成事 / 98
　　二、节点绽放 / 100
　　　　（一）学校节点 / 100
　　　　（二）节点创意 / 108
　　三、四季律动 / 112
　　　　（一）四季活动 / 113
　　　　（二）学习生态 / 115

第五章　扎根生长：实践研究之美 / 121
　　一、人事互化 / 123
　　　　（一）深情自觉的责任担当 / 123
　　　　（二）真诚智慧的扎根转化 / 129
　　二、水滴石穿 / 133
　　　　（一）长程策划与阶段推进 / 134
　　　　（二）日常研讨与节点蜕变 / 138
　　三、共生相长 / 145
　　　　（一）教育实践的美与力量 / 146

（二）理性诗意的精神面相 / 153

第六章　卓然独立：学校境界之美 / 163
一、形神兼备 / 164
　　（一）有机整体 / 164
　　（二）内在气质 / 174
二、深根共生 / 179
　　（一）橡树精神 / 180
　　（二）榕树精神 / 181
三、自然而然 / 185
　　（一）持续修炼 / 186
　　（二）精神长相 / 195

第七章　曲尽其妙：概念言说之美 / 197
一、情理交融 / 199
　　（一）研究情结 / 200
　　（二）心灵沟通 / 201
二、远譬近喻 / 203
　　（一）冬虫夏草 / 204
　　（二）道不远人 / 208
三、洞微烛远 / 210
　　（一）深度汇谈 / 210
　　（二）共舞共长 / 214

参考文献 / 218
后记 / 224

第一章　诗性智慧：探寻生命活力

> 有创造力的人也是内心精神世界最丰富的人。在一定意义上，可以把创造性看作人性的综合、最高的表现形态，是人性美与力的最高显现。①
>
> ——叶澜

从字源上看，"美是个会意字，从羊，从大。表意偏旁'羊'为羊角或羽饰类，'大'像正面站立之人形，二者结合会美饰之意"②。戴着华美头饰舞动着的人，不仅在外观上有着丰富色彩和动感神韵，而且在内里充盈着生命活力。如果美学可以区分为"自上而下的美学"和"自下而上的美学"，那么对于生命实践而言，更重要的区分是"由外而内的美学"和"由内而外的美学"：前者从外在表现出发，及于内在的生命活力；后者从内在的生命活力出发，及于外在表现。

对诗性智慧的探究是一种"由内而外的美学"。正如

---

① 叶澜.读汤因比《历史研究》[A]//叶澜.俯仰间会悟：叶澜随笔读思录.北京：中国人民大学出版社，2019：175.
② 李学勤.字源[Z].天津：天津古籍出版社，2012：321.

《毛诗序》所言："诗者，志之所之也，在心为志，发言为诗，情动于中而形于言，言之不足，故嗟叹之，嗟叹之不足，故咏歌之，咏歌之不足，不知手之舞之，足之蹈之也。"诗性智慧是生命活力由内而外的涌流和律动。

探究叶澜教育研究的审美意蕴需要发展出一套有关诗性智慧的独特的话语系统。这套话语系统若能站得住脚，必须接受两个方面的检验：一是美学，即契合美学的精神，同美学的研究传统能够相容；二是叶澜教育研究，即能够在有关叶澜教育研究的各种文本中获得证据，这些文本包括叶澜已发表的论著和未发表的文字、照片、录音或视频等，也包括直接基于叶澜教育研究而开展的研究和实践等。

以上两个方面在《生活美学："生命·实践"教育学审美之维》①中有一些呈现，但该书最大的缺失在于没有形成一套话语系统。本书将尝试克服这个缺失。

一、概念释义

叶澜教育研究具有怎样的风格？这一问题可以从不同的角度进行回答。"'生命·实践'教育学论著系列·'基本理论研究'丛书"和"'生命·实践'教育学研究丛书"可以被看作对这一问题的不同角度的展开。本书在已有研究基础上旨在从美学的角度进行相对系统的回答。

风格是艺术史特有的研究领域，指的是艺术家的创作方式以及作品风貌，包括时代风格、地域风格和个人风格等②。有关风格的艺术概念的启发是，探究叶澜教育研究的风格应聚焦的是个人风格，因为个人风格对于解释

---

① 张永.生活美学："生命·实践"教育学审美之维[M].上海：华东师范大学出版社，2015.
② 克雷纳，马米亚.加德纳艺术通史[M].李建群，王燕飞，胡晓岚，等，译.长沙：湖南美术出版社，2013：2-4.

同一时代、同一地域作品的风格差异起着决定性的作用。当然，个人独特的风格同时代、地域等风格有着紧密的关系。

本书将从"诗性智慧"这一概念出发来尝试回答上述问题，并建构本项研究的话语系统。林语堂认为，一切中国哲学家在不知不觉中所认为最重要的问题就是追求人生幸福的共同问题：我们要怎样去享受人生？谁最会享受人生？在中国人心目中，凡是用他的智慧来享受悠闲的人，也便是受教化最深的人。这种智慧即是诗性智慧。他说，有了这种文化和哲学，最后结果，就是中国人和西洋人成了一个对照，中国人过着一种比较接近大自然和儿童时代的生活，在这种生活里，本能和情感得以自由行动；是一种不太重视智能的生活，敬重肉体也尊崇精神，具有深沉的智慧、快活和熟悉世故但很孩子气的天真，这些成了一种奇怪的混合物。所以归纳起来说，这种哲学的特征是：第一，一种以艺术眼光对人生的天赋才能；第二，一种于哲理上有意识地回到简单；第三，一种合理近情的生活理想。最后的产品就是一种对于诗人、农夫和放浪者的崇拜，这是可怪的。①从中西文化比较的角度，很多学者都得出了相同的判断。例如，方东美也指出："我们将中国文化与西洋近代文化相比，便可以看出西洋近代文化中科学精神渗透到文化之各方面，而在中国文化中则艺术精神弥漫于中国文化之各方面；西洋的哲学方法重思辨，重分析。中国的哲学方法重体验，重妙悟。艺术的胸襟是移情于对象与之冥合无间，忘我于物，即物即我的胸襟。"②

诗性智慧这一术语源于意大利学者维柯（G. Vico）的《新科学》，该书曾用名包括《关于各民族的本性的一门新科学的原则，凭这些原则见出部落自然法的另一体系的原则》（1725年）和《维柯的关于各民族的共同性的新科学的一些原则》（1744年）等。从这些曾用名中可以看出，新科学是用来研究各民族的共同本性的。在维柯看来，民族世界、民政世界，即人类制度

---

① 林语堂.生活的艺术［M］.南京：江苏文艺出版社，2009：19.
② 方东美.生生之美［M］.北京：北京大学出版社，2009：代序.

的世界，"是由人类创造出来的，所以它的原则必然要从我们自己的人类心灵各种变化中就可找到"①。而"人类心灵自然而然地倾向于凭各种感官去在外界事物中看到心灵本身，只有凭艰巨的努力，心灵才会凭反思来注视它自己"，"这条公理向我们提供了一切语种中的词源学的普遍原则：词（或字）都是从物体和物体的特点转运过来表达心灵或精神方面的各种事物"。②由于"世界在它的幼年时代是由一些诗性的或能诗的民族所组成的，因为诗不过就是模仿"③，维柯花费了二十年的时间进行钻研，发现"各种语言和文字的起源都有一个原则：原始的诸异教民族，由于一种已经证实过的本性上的必然，都是些用诗性文字来说话的诗人。这个发现就是打开本科学的万能钥匙"④。换言之，诗性表达的是人类语言之智慧呈现的原初方式。他认为："因为能凭想象来创造，他们就叫作'诗人'，'诗人'在希腊文里就是'创造者'。伟大的诗都有三重劳动：1. 发明适合群众知解力的崇高的故事情节；2. 引起极端震惊，为着要达到所预期的目的；3. 教导凡俗人们做好事，就像诗人们也会这样教导自己。"⑤这种诗性智慧及其展开就是《新科学》的主题要旨，其中除有内容的要求外，还包含着言说的目标：让听者、读者因受到心灵的震撼而向善做好事。这颇具教育的意蕴。

谈论诗性智慧的前提是把它当作一种创造性智慧，把人类社会当作人为创造的产物。"过去哲学家们竟忽视对各民族世界或民政世界的研究，而这个民政世界既然是由人类创造的，人类就应该希望能认识它。"⑥从人为事物的特点认识教育，也是叶澜教育研究的基本前提。她曾指出，教育是一种人为的社会实践活动，"教育是人类社会所特有的实践，是人为的活动，而不

---

① 维柯. 新科学［M］. 朱光潜，译. 北京：人民文学出版社，1986：134-135.
② 同①：108-109.
③ 同①：105.
④ 同①：28.
⑤ 同①：162.
⑥ 同①：135.

是自然的现象。因此，我们首先必须将教育置于'实践'这一上位概念中去考察"①。在现代教育体制中，依据活动管理层级的变化，教育活动型存在的内结构可分为宏观、中观和微观三个层面：宏观教育活动是指行政部门（无论是国家、省、市，还是区、县）统筹管理的教育活动；中观教育活动是指专门机构内或生活、工作单位内统筹、管理的教育活动；微观教育活动是指通过教育者与受教育者直接或间接交往（借助技术手段或相应媒体）进行的教育活动。②三个层级上教育活动在活动性质、主体及功能上存在着区别，但是也存在着包含关系，犹如一个套筒结构。在三类活动中，最基础、最大量的活动是教育者与受教育者共同进行的具体的教育活动。所有这些层级的教育活动都关涉人为设计与创造问题。

进而言之，叶澜主张，教育是使人类和自己变得更美好的事业。③这也是她以身立学、持之以恒的基本学术主张。她对苏东坡情有独钟，把这样一位将天地人事都诗意哲化的诗人称为"诗哲"，并引为同道："形成强大的心境，喜纯朴、自然，不愿混迹官场，力争以退获得更多的自由，致力于天地人事的通，致力于生活的哲诗、智性与感性的统一，以营造自己的美好生活，学会有容，得大自在"④。由此可见，叶澜教育研究渗透着本土的诗性智慧，如具有深沉的智慧、轻松快活和熟悉世故但很孩子气的天真，以及一种合理近情的生活理想等。这种诗性智慧也可以被看作维柯所谈的同三重劳动密切相关的诗性智慧，这种创造性智慧内含着想象、激情、感觉等。叶澜认为："有创造力的人也是内心精神世界最丰富的人。在一定意义上，可以把

---

① 叶澜.回归突破："生命·实践"教育学论纲[M].上海：华东师范大学出版社，2015：236.
② 叶澜.教育研究方法论初探[M].上海：上海教育出版社，1999：309.
③ 叶澜.教育概论[M].北京：人民教育出版社，1991：338.
④ 叶澜.读林语堂《苏东坡传》[A]//叶澜.俯仰间会悟：叶澜随笔读思录.北京：中国人民大学出版社，2019：220.

创造性看作人性的综合、最高的表现形态,是人性美与力的最高显现。"①

  当然,维柯是在人类社会源头意义上谈论诗性智慧的。在某种意义上,也是"生命·实践"教育学需要回归的一个源头。维柯认为,古代人的创造性智慧就是神学诗人们的智慧,并在感性与理性相对的意义上使用诗性智慧,把它限制在感性范围中。本研究则是在感性与理性交织的意义上使用诗性智慧的。借用李泽厚的话来说,本研究中的诗性智慧是一种"新感性",它是"内在自然的人化"的成果。李泽厚认为,外在自然的人化使客体世界成为美的现实,内在自然的人化使主体心理获得审美情感,"前者就是美的本质,后者就是美感的本质"②。新感性或美感是个体性与社会性、感性与理性、直观与抽象、直觉与理智、功利性与超越性的统一体。新感性是积淀的产物,所谓"积淀","就是指社会的、理性的、历史的东西累积沉淀成了一种个体的、感性的、直观的东西,它是通过'自然的人化'的过程来实现的"③。新感性的获得,"就人类说,它经历了漫长历史过程;就个人说,它必须有一个教育过程。而无论就人类发展或个体教育说,审美心理结构最初都是从活动中获得而后才逐渐转化、变形为静观的"④。

  维柯意义上的诗性智慧可以被看作李泽厚意义上的"新感性"的原始积淀,而后者又可以被看作不断丰富化的诗性智慧。在本项研究中,这一新形态的诗性智慧可以进一步区分为诗性心智、诗性思维和诗性语言三个方面。诗性智慧就是这三者之间的交互作用,其内涵在于对三者及其关系的具体描述中。下文将展开对三者及其关系的具体描述,这里仅作简要的说明(见图1-1)。

---

① 叶澜.读汤因比《历史研究》[A]//叶澜.俯仰间会悟:叶澜随笔读思录.北京:中国人民大学出版社,2019:175.
② 李泽厚.实用理性与乐感文化[M].北京:生活·读书·新知三联书店,2005:287.
③ 同②:294.
④ 同②:288.

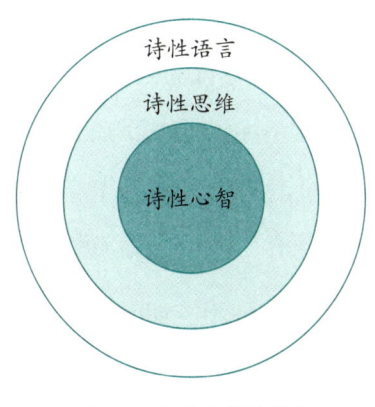

图1-1　诗性智慧的结构

诗性智慧内含着诗性心智、诗性思维和诗性语言，三者之间是层层外化的同心圆关系：诗性心智是最深层，即审美心性，主要是指有关审美的一些最基本的前提假设；诗性思维是中间层，即审美眼光，主要是指美学视角或有关审美的思维方式；诗性语言是最外层，即审美表征，主要是指作为审美对象的语言形式与意象等。

在具体展开上述三者之前，对于叶澜教育研究具有怎样的风格这一问题，尤其是相对于时代和地域而言的个人风格，本项研究暂定的回答是，包含诗性心智、诗性思维和诗性语言的诗性智慧。

二、概念解析

这里由内而外对诗性智慧的三环结构进行解析。

（一）诗性心智

谈到诗性心智或审美心性，首先可以联系到李泽厚所说的"心理-情感本体"。他认为，新感性的心理本体可以分为三大领域：一是认识的领域，即人的逻辑能力、思维模式；二是伦理领域，即人的道德品质、意志能力；三是情感领域，即人的美感趣味、审美能力。可见，审美不过是这个人性总结构中有关人性情感的某种子结构。①他特别把艺术本体同情感本体、把艺术作品与心理情感本体相联系②，并指出狭义的积淀就是指审美的心理情感的构造③。

从心理情感本体角度看，诗性心智包含了李泽厚所言的艺术作品的意味层。这意味层中的"意味"专指"某种更深沉的人生意味"④。美感尽管不能脱离形、色、声、体的感知、想象和情感欲望，但其高级形态却常常完全超越这种感知、想象和情感欲望，而进入某种对人生、对宇宙的整个体验的精神境界。音乐之所以比其他许多艺术更能达到某种哲理的深度，也是因为这最高哲理是诉诸人的感受、情感的人生-宇宙感怀。这也就是艺术作品的"意味层"。⑤

尽管意味"不是意义，只是意味，意义诉诸认识，意味诉诸情感的品味"⑥，但是从心理本体三大领域之间的相关性上看，诗性心智还包括能够激发这种情感的认识与伦理领域的最基本的成分。尤其是超出了艺术作品的范畴来谈诗性心智时，认识论假设具有更为重要的意义，因为"就人类能力所及范围而言，最深层的转变即是认识论上的转变。改变认识论，代表改变一个人经验世界的方式"⑦。叶澜也曾指出，就教育学而言，学科发展的内在核心问题是对"人"的认识。教育学基本理论的突破，需要从对"人"的认识的反思开始。⑧无独有偶，齐尼（B. Keeney）认为控制认识论的本质即是生命本身。⑨

---

① 李泽厚.实用理性与乐感文化[M].北京：生活·读书·新知三联书店，2005：288.
② 李泽厚.美学四讲：修订插图本[M].天津：天津社会科学院出版社，2001：236.
③ 同②：317.
④ 同②：303.
⑤ 同②：312-313.
⑥ 同②：303.
⑦ 齐尼.变的美学：一个颠覆传统的治疗视野[M].丘羽先，译.台北：心灵工坊文化事业股份有限公司，2008：34.
⑧ 叶澜.教育创新呼唤"具体个人"意识[J].素质教育大参考，2003（4）：6-7.
⑨ 同⑦：162.

齐尼主张：控制互补的观点改变了我们认识世界的方式，使我们更接近诗人熟悉的美学观点。在此观点下，所有心智与生命过程皆具有递回性与互补性。①他认为，控制论鼓励我们去寻找生命过程的连接模式，而探寻连接模式的过程将带领我们体验生态系统的美学。意识到生态系统内的成员同样具有重重无尽的交互关系，我们就能够更加了解联结彼此的广大递回模式。整个生态系统如同华严思想中的宇宙一般，没有阶层，也没有中心，"一即一切"。②在控制认识论的视野中，智慧即对于递回性的觉察及体认，"心智"即控制系统，是互动各部分的集合，并且具有反馈结构。以"心智"取代"系统"一词，才能帮助我们了解"心智不只是单一生物体的特性，而是生物体之间的关系，像是由人与人、人与马、人与花园或金龟与植物之间所组成的系统"③。

心智包括了具有不同复杂度的控制系统，从单纯反馈到心智生态都包含在内。在心智生态中，天地万物皆我师。④与此同时，"认识并且尊重生态多样性和复杂性，即是控制论对于爱的定义。它鼓励我们打破个体的藩篱，并且广纳复杂的心智系统"⑤。在这个意义上，道德与美学本属同一范畴。因此，意义与意味并不像初看起来的那样互相阻隔。诗性心智就是包含了深刻意义与深沉意味的人生-宇宙感怀。离开了诗性心智，诗性智慧就不成其为"智慧"。正因为有了诗性心智作为底蕴，才使得诗性智慧就像一口深井，有着源源不断的生命能量供给和涌流。

中国文化源远流长，中国文化中的"美"有丰富的流变与发展，已有诸多学者从多角度进行了大量、丰富的研究。在中国文化中，美与人之生命

---

① 齐尼.变的美学：一个颠覆传统的治疗视野［M］.丘羽先，译.台北：心灵工坊文化事业股份有限公司，2008：162.
② 同①：202.
③ 同①：139.
④ 同①：214.
⑤ 同①：278.

相关，且突显人生之丰富与美好。从甲骨文与金文的字形看，"美"字下部的"大"像是正面站立之人，可能意指使人更加盛大并由之生成"美"意。"美"字由盛大之人与他物组合而成，从而意味着美是由人创生、附于人身、令人心动的新存在。《论语》中有14处"美"字，[①]不仅有"美目""美玉"等表达，而且出现了"尽美尽善""里仁为美""成人之美"等更内在的表达，以及与"骄且吝"相反的"周公之才之美"、与"四恶"相对的"五美"等明显表达内在品德的用法，所指涉及人之美、物之美、事之美以及与"恶"相对、与"善"相邻的"德"之美。突出强调"美"在人文、德行、内在价值等方面的意蕴，这使中国文化中的"美"与"善"相通，美通向善，善内含着美。这是打动人心灵的深层存在，也是提升人生命质量的可为之美。这是中国之"美"源远流长的内核初心。

东西方研究者都在以个性化的语言述说着诗性心智。叶澜写道：任何一个生命体，都是开放的活体。生命所具有的"活力"，不是一个神秘的概念。它是实实在在地通过由细胞组成的不同层次的活体，以及一系列内在存活生长机制，积极主动与生存环境发生交换与相互影响而呈现出来的、独特的生命能量。[②] 2006年11月8日，在一次演讲中，叶澜把教育的内涵概括为"教天地人事，育生命自觉"。她认为，"生命自觉"的价值是人的精神世界的能量可以达到的一种高级水平，它可以使人在与外部世界沟通、实践中产生主动性，同时还对自我的发展有主动性。一个具有生命自觉的人，无论在对外部世界的作用中还是自我发展的构建中，都是一个主动的人。所以在一定意义上，可以把主动不主动，作为衡量自己生命"自觉"程度的标志。"教天地人事，育生命自觉"包含着有关生命的审美意象，这是一种独特的生命理想，它浸透着教育学的研究传统与中国的文化传统。

---

① 杨伯峻.论语译注［M］.北京：中华书局，2009：258.
② 叶澜.回归突破："生命·实践"教育学论纲［M］.上海：华东师范大学出版社，2015：220.

从这里可以感受到"生命·实践"教育学中"生命理想"的深蕴美,即人与社会在历史、现在与未来的多重交织中拓展着生命的深度和广度,这是扎根于教育学研究传统和中国文化传统的"生命·实践"教育学对诗性心智的一种独特奉献。

(二)诗性思维

诗性心智主要指最深层的情感本体以及与之相融共生的最基本的认识论和伦理假设。诗性心智的外化便是诗性思维或审美眼光,也就是美学视角或有关审美的思维方式。如果说诗性心智主要回应的是"美感是什么"这一问题,那么可以说诗性思维主要回应的是"美是什么"这一问题。叶澜曾指出:"一种对美的新视角的关注,就带来一种对自然、人类新的理解和表现。如印象派画家莫奈,对光之变动、闪烁的关注,突破了绘画界对静物、块、面、线的关注,让我们看到了平时不易捕捉的光。"[1]

作为思维方式,诗性思维是一种关系思维。鲍桑葵(B. Bosanquet)说,古代人的美的基本理论呈现出多样性的统一,他们总是离不开节奏、对称、各个组成部分之间的和谐等概念。而近代人则更重视意蕴、表现力和生命力。即说他们对事物的特征投注了更多的目光。我们融会这两种因素就能够给美下一个全方位的定义:美就是一切作用于感官知觉或想象力,具有特征的、具备个性表现力的事物,同时又通过同一媒介,具备一般的、抽象表现力的事物。[2] 而无论是作为内外或主客观的统一,还是分别在内在或主观与外在或客观两个方面,美都在于特定的关系:在内在或主观的一面,美是超脱的精神境界、人生-宇宙感怀和大爱;在外在或客观的一面,美是一定的比例、对称、和谐、秩序等。

---

[1] 叶澜.回归突破:"生命·实践"教育学论纲[M].上海:华东师范大学出版社,2015:144.
[2] 鲍桑葵.美学史[M].彭盛,译.北京:当代世界出版社,2007:4.

在"美是什么"这一问题上，杜威（J. Dewey）是主客观统一论者。杜威美学观的特色就在于他的整合性思维方式。"他常常能够识别其他学者提出的假二元论，并能尽量证明真理实际上存在于错误确立的相反'综合'之中。"①在杜威看来，美作为内外或主客观的特定统一就是完整经验的特征。我们在所经验到的物质走完其历程而达到完满时，就拥有了一个经验，而美就是"一个完整经验"的清晰而强烈的发展，这一个经验是一个整体，其中带着它自身的个性化的物质以及自我满足。"审美经验的仅有而独特的特征正在于，没有自我与对象的区分存乎其间，说它是审美的，正是就有机体与环境相互合作以构成一种经验的程度而言的，在其中，两者各自消失，完全结合在一起"②。哲学上所区分的"主体"与"对象"（用更为直接的语言来说，就是有机体与环境）两者之间的彻底的结合，是每一件艺术作品都具有的特征。

杜威的经验概念是"双义的"，因为它是一个原始的整体，它"包含一个主动的因素和一个被动的因素，这两个因素以特有形式结合着。只有注意到这一点，才能了解经验的性质。在主动的方面，经验就是尝试——这个意义，用实验这个术语来表达就清楚了。在被动的方面，经验就是承受结果。我们对事物有所作为，然后它回过来对我们有所影响，这就是一种特殊的结合。经验的这两个方面的联结，可以测定经验的效果和价值"③。经验是主动的尝试和被动的承受的统一，缺少任何一方，都不会成为审美经验。有两种可能的世界，审美经验不会在其中出现。在一个仅仅流动的世界中，变化将不会被积累；它不是朝向一个终极的运动。稳定性与休止将不存在。然而，同样真实的是，世界是完成了的，结束了的，没有中途停止与危机的痕迹，

---

① 菲利普斯.教育哲学［A］//胡森，波斯尔思韦特.国际教育百科全书：第七卷.贵阳：贵州教育出版社，1990：137.
② 杜威.艺术即经验［M］.高建平，译.北京：商务印书馆，2005：277.
③ 杜威.民主主义与教育［M］.王承绪，译.北京：人民教育出版社，1990：153.

不提供任何做出决定的机会。①

杜威认为，从混乱过渡到和谐的时刻最具生命力。"只有那些早年被娇生惯养的人，才总是喜欢一些软绵绵的东西；精力充沛的人要的是生活而不仅仅满足于生存，他们会发现太轻松的东西令人讨厌。"②生活的需要本身将我们推向未知境界。每一个经验，包括最丰富与最理想的经验，都具有一种渴求的成分，一种向前推进的成分。每次行动也就是对人生的选择，在行动中丰富现在的经验，并指导未来的经验，从而使生命焕发活力。只有当我们被日常事务弄得麻木不仁时，这种渴望才离开我们。杜威认为，审美的敌人既不是实践，也不是理智。它们是单调；目的不明确导致的懈怠；屈从于实践和理智行为中的惯例。一方面是严格的禁欲、强迫服从、严守纪律，另一方面是放荡、无条理、漫无目的地放纵自己，都是在方向上正好背离了一个经验的整体。③只有当经验不再是一口枯井，而是润泽生命的甘泉时，才能成为审美经验。

叶澜可能是对思维方式最为看重的中国教育学研究者。叶澜思维方式的特色就在于关系思维，以及更进一步的复杂性思维。她曾从中心问题域和思想方法两个方面给出了对当代哲学的判断：关于中心问题域，我觉得哲学研究一直围绕着人和世界这个问题进行，但提问题的立足点不同。最早的时候，人站在世界的外面想要看清世界的本原是什么，古代哲学的重点放在对世界是什么的回答上。到了近代，人们提问的方式发生了变化，人把自己放在主体的立场，研究主体何以能和如何认识不能沟通的外部世界的问题。这一段哲学的研究重点放在认识论上。到了今天，哲学的中心问题域成了人和他的世界对话的关系问题。人站在世界之中来看他自己和世界的关系、人的存在和世界的关系。所以，人怎么从外到内，最后站在世界中，作为世界的一部分，用这样的一种思维方式去认识世界。这种认识是互动的。这就是当

---

① 杜威.艺术即经验[M].高建平，译.北京：商务印书馆，2005：16.
② 同①：184.
③ 同①：43.

代哲学跟过去哲学的不同之处。虽然是一个哲学问题，但也是教育中的一个问题。①叶澜在这里对西方哲学的判断，无论是就中心问题域还是思想方法而言，都渗透着关系思维。

在《回归突破："生命·实践"教育学论纲》中，叶澜着重阐述了教育研究方法论中的系统复杂性研究。她写道："系统复杂性研究指向的是常规科学无法回答的问题，指向系统本身的复杂性和内外交互作用的复杂性。它不是用排除差异、偶然、异常来表达对世界事物稳定不变、具有普遍性的本质或规律的认识，而是把上述常规科学排除的因素，都纳入对系统的认识中，揭示事物运动本来就存在着的内在多种力量复杂的互动、生成式变动过程。复杂性研究赋予系统认识更深刻的真实性和内在的生命有机性，呈现出生命变化的复杂生成机制。"②在中国教育研究中，叶澜是引进复杂性思维第一人。她身体力行，以身立学，一方面把复杂性思维融入实践研究，另一方面着力于理论建构。

"生命·实践"教育学这一表达本身就是复杂性思维的高度凝练，从中也可以看出她的用力何其精湛。也许从实践概念中可以找到同杜威的经验概念的相通之处，但是强调教育实践的独特性即教育实践与人的生命之关系性质，毫无疑问是叶澜的理论独创。她说："'生命·实践'教育学派对教育实践性质的总体判断可表述为'教育是基于生命、直面生命、为了生命、通过生命所进行的人类生命事业'。生命是教育的'魂'，实践是教育的'行'，学校（以及其他教育组织、机构）是教育的'体'。教育是一项充盈着人的生命的人类实践活动。"③

---

① 叶澜.反思 学习 重建——十五年学术探索的回顾[J].天津市教科院学报，2000（4）：4-13.
② 叶澜.回归突破："生命·实践"教育学论纲[M].上海：华东师范大学出版社，2015：161-162.
③ 同①：237.

美是由人发现、发明、整合创造出来的,"大"人与使"大"人更显其盛大组合之美,不是纯自然、单一的存在,而是人为的文化创造。它越来越丰富,是多时空、多物象的存在,充满着与人之美好生存相关的生命气息,也是人之生命对美好存在的心灵触动,是生生相与的怦然心动,具有多元交互的通感性。在审美体验中,人与外界相遇时内在地焕发独特的契合感,被震动唤醒,丰盈弥漫,忘我融通,它来自生命,激发生命更多的意义,是生命与生命之间的契合、互动。生生之美,不是纯粹天然、客观的存在,而是人感受、发现、赋予客体以独特的意义,进而主动创造出来的、从无到有的新综合体。"美"在诞生之初,即具有极强的具体综合性、交互融通性。在后世发展中,从自然美到文化美、社会美,美的内容和类型越来越丰富复杂。这既是其内在本真的生命气息、综合创造之体现,也蕴含着创造"美"的独特思维方式:交互转化、综合融通。

(三)诗性语言

如果说诗性心智是内化的,诗性思维是内外统一的,那么诗性语言则是外化的。作为诗性智慧的最外层,诗性语言是诗性心智与诗性思维的外衣。诗性语言作为审美表征,主要是指作为审美对象的语言形式与意象等,它回应的是如何进行审美表达或表现这一问题。

诗性语言相当于李泽厚所谈的艺术作品的形式层与形象层。艺术研究者们总结出了一系列艺术元素和原则用来分析艺术作品。艺术元素主要有线条、色彩、色相、形状、机理、形体、空间等,艺术原则主要有平衡、律动、图案、多样性、比例、强调、一致性等[①]。这些艺术语言虽然可以作为分析由自然语言组成的各种文本的借鉴,但主要适用于绘画、雕塑等艺术形态。在本书中,诗性语言主要是就自然语言而言。以诗的语言为例,

---

① 笔者之一张永曾陪同孩子多次参加张琳老师带领的博物馆学习活动,其中在英国游学时,她特别提出了艺术语言中的七个元素和原则。这里的中文翻译略有调整。

据张世英的看法，诗的语言在语言中最具"思辨性"。他从中国古典诗作中解读出诗的语言具有言约旨远、象征性和暗喻性、画意性、音乐性等特点。①

汉语作为自然语言的独特性在于语、文分离。正如饶宗颐所言："由于汉地本土语言方音的复杂，且习惯施行以文字控制语言的政策，而让'语、文分离'，即所谓'书同文'，使文字不随语言而变化；字母完全记音，汉字只是部分记音，文字不做言语化，反而结合书画艺术与文学上的形文、声文的高度美化，造成汉字这一大树，枝叶葰茂，风华独绝，文字、文学、艺术（书法）三者的连锁关系，构成汉文化最大特色引人入胜的魅力。"②

正是基于汉语和汉字的独特性，石虎提出的"字思维"问题引起了文学理论界特别是现代诗学界的关于汉语诗性问题的一次最重要、最深刻的讨论。③石虎认为："汉字，是与宇宙万物相对应的框架图式。字意于此框架图式，具有相对填充性。一定意义上说，字之新意是由诗人来灌注的。汉字有道，以道生象，象生音义，象象并置，万物寓于其间。这就是'字思维'的全部含义。它相当于中国古典哲学中道生一之后而二而三而万物的宏大母题。因此汉字具有超越自身、无比灵动的本质。"④汉字的诗性特征与中文文本的审美表征具有同构性。汉字是一种象形文字，其构造极富诗性特征。作为思维的载体，它又反作用于中国人的思维方式。中国文论的具象思维、直觉思维、整体思维、象征思维及联想思维与中国文字的特点有一定联系。⑤

---

① 张世英.语言的诗性与诗的语言[J].中国人民大学学报，2000（1）：34-39.
② 饶宗颐.符号·初文与字母：汉字树[M].上海：上海书店出版社，2000：引言1.
③ 高玉.语言的三个维度与文学语言学研究的三种路向[J].江苏社会科学，2006（3）：204-210.
④ 石虎.论字思维[J].诗探索，1996（2）：8-10.
⑤ 吴中胜.汉字的诗性特征与中国古代文论的思维方式[J].文艺理论研究，2005（1）：37-43.

叶澜指出，中华民族古典传统中与众不同的一个具有如基因般重要又十分鲜明且体现本性的特质，就是文化与自然的深度且难以分割的内在缠绕乃至化合，它首先表现在中国文字——汉字之中。① 她在《溯源开来：寻回现代教育丢失的自然之维》中对汉字这一充满自然气息的文字符号系统进行了系统阐述。

从文本叙述形式来看，叶澜在论著中经常使用具有象征意味的隐喻。高维、郝林玉曾对叶澜教育论文中的隐喻进行了细致梳理和研究。叶澜"在其发表的98篇学术论文中，主要创作并使用了106个隐喻。这些隐喻的源域分为自然事物与现象、人类生活中事物、人类及其行为活动三种类型，目标域涉及教育目的与作用、教师、学生、课程、教学、学校、教育改革以及教育学研究八个主题。隐喻在叶澜的教育理论建构中发挥着重要的认知功能、构词功能、说理功能和文化功能。"②

当然，文本叙述形式只是诗性语言分析的一个方面，另一个方面是文本叙述内容所呈现的意象。这两个方面本来不可分割，但是有从逻辑上加以区分的必要。前面对字思维的描述就建立在对字形与意象之间关系的描述上。意象作为对审美对象的描述，来源于彭锋对中国古典美学的研究。彭锋认为，在中国古典美学体系中，"道"作为宇宙间生生不息的生命律动是特殊的美学观念，"意象"作为"意"与"象"、"情"与"境"的结合是对审美对象的描述，"感兴"作为一种感性活动中的精神超越是对审美主体的描述，审美成果的一方面是精神"境界"的提高，另一方面则是"艺术"文明的进步。③

---

① 叶澜.溯源开来：寻回现代教育丢失的自然之维——《回归突破："生命·实践"教育学论纲》续研究之二（上编·其一）[J].教育发展研究，2018(2): 5.
② 高维，郝林玉.教育隐喻与理论创新——叶澜先生教育思想中的隐喻研究[J].基础教育，2019, 16(1): 5.
③ 彭锋.生与爱（古代中国人审美意识的哲学根源）[M].长春：东北师范大学出版社，1997.

由内而外的美不仅有生动、综合的诗性心智与思维，而且有独特的诗性语言。中文"美"字无论字形如何变化、字义如何衍生，它一直保持着左右均衡、上下呼应的基本形态。中国土地上的先民在原始时代即创造了各式几何纹样，"在这个从再现到表现，从写实到象征，从形到线的历史过程中，人们不自觉地创造了和培育了比较纯粹（线比色要纯粹）的美的形式和审美的形式感。劳动、生活和自然对象与广大世界中的节奏、韵律、对称、均衡、连续、间隔、重叠、单独、粗细、疏密、反复、交叉、错综、一致、变化、统一等形式规律，逐渐被自觉掌握和集中表现在这里"[①]。美之形色与线条、造型与材质等外在表达方式，使其在后世获得极大的发展空间，多变的形式体现、表达、承载着越来越丰富细腻的内涵，与神色、气韵、风骨、意境、境界等内外相应，成为有"内容"的"外表"，有"意味"的"形式"。内容积淀为形式，使外在形式具有内涵情义；外在形式不断创新，进一步综合表达出新的内容，使内涵情义不断丰富、深化，并进入学生日常生活的时时处处事事之中，呈现出人类主动创造的美与善，人性潜能与本质力量之美。

在诗性语言层面上，对叶澜教育研究审美意蕴的探究包含了对其文本叙述形式的探究，但更重要的是揭示其文本叙述内容所呈现的审美意象，尤其是由生命实践构成的教育生活所呈现的生命意象。这是一种生命活力及其释放的表征，其审美性质在于生命活力的律动。叶澜指出，"生命·实践"教育学是属人的、为人的、具有人的生命气息和实践泥土芳香的教育学。生命理想在教育实践活动中成就。生命活力在生命实践中释放之时，生命意象便在生命实践中展现。在教育实践活动中蕴含大量的、丰富的美。教育实践活动之美在于师生生命活力的有节律的释放，这也是教育实践活动作为生命实践的审美表征。

---

① 李泽厚.美的历程［M］.北京：生活·读书·新知三联书店，2009：29.

由生命实践构成的教育生活所呈现的生命意象是"生命·实践"教育美学所追求的人生境界的审美表征。因而,在"生命·实践"教育美学中诗性语言与审美成果是统一的,这也是"生命·实践"教育美学的独特之处:正己与正人、成事与成人、成己与成人是统一的。生命意象有多广阔,教育生活的天地就有多广阔,美的世界就有多广阔。同时,创造教育美的过程往往也是享受教育美的过程。正如叶澜在"生命·实践"教育学论著系列三——合作校变革史丛书总序中所言:"我在通读每一本书稿时,还发现许多校长和老师都成了诗人:文中书写的那些诗歌和优美的自我表达令人动容。这些让我第一次集中地感受到'新基础教育'研究和'生命·实践'教育学的创建,竟在大家的心中留下了如此多的诗情画意。改革虽然艰难,但也是创造美的过程,是令人享受的。真的教育,助人成长、催人奋发的教育,一定是'美好'的。"①

以上对由诗性心智、诗性思维与诗性语言构成的诗性智慧这一话语系统进行了初步阐述。在阐述过程中,这一话语系统不断得到美学研究传统和叶澜教育研究文本两个方面的检验。具体而言,它契合了契合美学的精神,同美学的研究传统能够相容,并且能够在有关叶澜教育研究的各种文本中获得证据。

叶澜是"生命·实践"教育学的创始者和持续开拓者,从诗性智慧这一话语系统对叶澜教育研究审美意蕴进行探究,不仅是对"生命·实践"教育美学基本观点的检验,也是一次富有意义的拓展。"生命·实践"教育美学基于"生命·实践"教育学的立场,以美学的眼光审视一系列教育和教育研究问题,着眼于教育活动和教育学研究中美学精神的挖掘,从而使教育活动和教育学研究更好地实现立美育人和建构教育学独特知识形态的目的②。由

---

① 叶澜,庞庆举.深度访谈:读懂创造教育新天地的人们——叶澜与"生命·实践"教育学合作校部分校长访谈录[M].福州:福建教育出版社,2014:总序.
② 王枬.教育学立场的美学审视[J].教育研究,2007(12):29.

诗性心智、诗性思维与诗性语言构成的诗性智慧作为一套话语系统，为"生命·实践"教育美学的更新提供了契机，从这个意义上看，本书可以被看作是《生活美学："生命·实践"教育学审美之维》的升级版。

第二章　行云流水：校园时空之美

> 把学校教育植根于大自然的时空之中，让学生从小就养成热爱自然、亲近自然，提高欣赏、表达自然美的能力，在自然中愉悦身心，养成保护自身的生命健康以及保护自然生态的善良心意和能力，培养出当代"自然之子"，是学校教育改革中"新自然观"教育的旨归。[①]

——叶澜

"校""园"二字都是形声字。前者曾用来表示"教学之宫"，指作为教学场所的房屋建筑；后者是指"围有垣篱的种蔬菜、花果、树木的地方"。[②] 两者合起来，表示教学场所和用地。学校是一个由自然事物、建筑设施、师生员工、规章制度、教育活动等多重系统组成的整体。作为一个实体，它首先是自然事物和建筑设施系统，这就是在"校园"意义上的学校。其中，校园里的自然事物受着自然节律的调节。

---

① 叶澜.溯源开来：寻回现代教育丢失的自然之维——《回归突破："生命·实践"教育学论纲》续研究之二（下编）[J].中国教育科学，2020，3（2）：26.
② 李学勤.字源[Z].天津：天津古籍出版社，2012：535-561.

对作为使用者的师生员工而言，校园是一种作为环境而存在的周围世界。校园是教育教学发生的地方，是教师职业生涯的日常之"家"，是学生在学校教育生活中生命成长的独特之"家"。校园时空的教育品质，是师生在校生存方式的重要影响因素。由于叶澜主持开展的"新基础教育"研究的深层目标是更新师生的在校生存方式，因此她关注师生生命质量的提升，关注对校园时空教育价值与生命质感的开发。她认为"学校教育活动有相对于其他社会活动不同的时空处理方式"①，校园时空的变革会在整体上影响学校教育的组织开展及其育人效果。

自"新基础教育"探索性研究阶段始，叶澜就提出了"还时间""还空间"②为学生主动学习提供条件；打破课堂教学匀速运动的习惯，以"教学结构—运用结构"、先慢后快的"长程两段"方式，帮助学生掌握主动学习的"工具"③；通过以环境建设为显性表达的班级文化建设④，让班级时空发挥既具独立性又有凝聚力的综合育人价值。此后，在进行教学时空变革和班队活动时空开发⑤的基础上，她进一步在学校领导与管理系统变革的意义上，提出了学校时空观"统整与分割"的关联：在"统整"中合理"分割"，将分割的时空编织成整体有机的丰富图景，使其在长程、融通的时空中具有意义，为师生生命发展提供条件、积累底蕴⑥。时空更新的背后是思维方式、生存方式和学校变革方法论的更新。在持续至今的生态式推进研究阶段（2012年开始），叶澜特别关注传统文化在学校里的当代教育价值开发，提

---

① 叶澜."新基础教育"论——关于当代中国学校变革的探究与认识[M].北京：教育科学出版社，2006：346.
② 叶澜."面向21世纪新基础教育"探索性研究结题总报告[A]//"新基础教育"探索性研究报告集.上海：三联书店，1999：34-35.
③ 同②：35-37.
④ 同②：50-51.
⑤ 叶澜.总报告：世纪初中国基础教育学校"转型性变革"的理论与实践[A]//"新基础教育"发展性研究报告集.北京：中国轻工业出版社，2004：2-43.
⑥ 同①：346-349.

出了人间"节"语[①]，并与基地校、合作校共同创生校园"四季"系列活动，探索自然节律与学生生命成长相结合的学校教育"节律"问题，探究学校空间育人价值的开发，以"溯源开来"的方式继续对校园时空的深化研究与实践变革。本章聚焦校园环境美进行整体意义上的探讨，第五章将聚焦综合活动领域进行相关探讨。

叶澜在谈到校园环境美时强调，环境美不是各种要素的相加，而是各要素融为一体。她用"生气、人气和文气"来概括校园环境美的特征。生气是生命的气息，由花草、小路等自然事物体现。校园里不必有奇花异草，但要能看到普通的绿和花。人气体现为师生的精神美和朝气。文气是校园文化的具象化。生气、人气和文气相互作用，只有在一个有生气的环境中，才会有人气和文气。

一、盎然生气

在对盎然生气这一校园环境美的追求中，叶澜逐渐加深了对人、教育与自然关系的研究，集中体现在她2018—2020年连续发表的长篇论文中，也体现在如下几个观点的提出与阐释中。

（一）新自然观

新自然观是叶澜校园环境美追求中最深层的诗性心智。关于新自然观的特质，叶澜从三个方面进行了描述。

一是经典自然观的当代新生。新自然观一方面以经典自然观为根，包括对自然的敬重、感恩的情怀，关于自然整体生生不息和万物内在相通、相生相克的相互生成关系的认识，以及人与自然的和谐合一，在自然灾害面前和

[①] 叶澜.人间"节"语［A］//俯仰间会悟：叶澜随笔读思录.北京：中国人民大学出版社，2019：72-73.

生存环境困难条件下的顽强生存，以及战胜、克服灾难造成的损失，用人的智慧和力量改善生存条件的主体精神。①这种对自然的敬重、感恩的情怀是审美的非功利视角的直接体现。另一方面包含三方面的当代新生：（1）对"自然"的认识深度变化，包括已知世界和未知世界两个方面；（2）时空观的深刻变化；（3）认识自然的方法论超越，即以整体、复杂、动态变化的思维方式，认识自然系统内外各种不同组织、沟通渠道及方式。②相对于以"天人合一"哲学观为根基的经典自然观，新自然观汲取了当代多种学科的研究成果，在复归经典自然观的同时又超越了经典自然观。

二是提出自然的生命逻辑与生态逻辑。在生命逻辑上，把自然在整体上视为生命体，而非与人不同大类的非生命体，这是当代自然观的重要特质，而所有具有生命性存在的内在机制，内在规定的逻辑是"新陈代谢"，故"自然"也有"生"有"死"，也在经历着类似生命化的各种成长过程和阶段；在生态逻辑上，包括内外两个方面。就内部而言，有宇宙星体的相互关系，地球土壤气候、山脉江河、海洋与动植物的相互关系，还有每一类之支系统及分支系统乃至微系统内部和各系统之间的相互关系。从外部来看，主要是自然活动与人类活动的关系。好的、理想的生态关系是同生存、互利互补的和谐关系。③自然的生命逻辑与生态逻辑是诗性心智的集中体现，清晰展现了包孕天地人事的心智生态。

三是关注人自身作为独特生命体的全程、全整和谐发展。新自然观最终落实在人的自我意识上。当代社会，在一定意义上也可以被看作人对自我认识的反思与重建的加速发展期，一个作为独特生命体的人之形象已初具形态。④在人的生命全程性认识方面，一方面是加深了对人自然生命的全程性

---

① 叶澜.溯源开来：寻回现代教育丢失的自然之维——《回归突破："生命·实践"教育学论纲》续研究之二（下编）[J].中国教育科学，2020（2）：20.

② 同①：21.

③④ 同①：22.

认识，另一方面是形成了人生各阶段的独特性和关联性的观念。在人的全整性认识方面，认识到每一个个体的生命都是一个完整的个体，生命各方面有密切的内在关联，包括身与心、感性与理性、德行与智慧、思想与行为、个性与社会性，都重要且需要实现内在平衡，呈现个体独特的整体性。[①]由此可见，自然既在身体之外，也在身体之内。前者是大自然，后者是小宇宙，二者之间相互映照、息息相关，且都展现着复杂的心智生态。

（二）自然之子

以上有关新自然观的描述已经包含了有关的诗性思维或审美眼光。叶澜在谈到作为新自然观之根的中国经典自然观时指出，经典自然观对文化的影响，首先是以汉字为基，后发展生成的书法及中国山水、花鸟画，以及独特的民族建筑、园林、民乐，从《诗经》始到唐宋极盛的诗词，这些艺术形态及其相关的美学思想。[②]诗性思维就是这种经久不衰、代代相传的中华文脉。在本书第一章中曾提到林语堂、方东美等对中华诗性智慧的描述。

基于这种诗性思维，叶澜提出培养当代"自然之子"的教育目标。叶澜认为，新自然观的教育落实首先指向学校，是当代学校教育改革深化到"以自然为基"育人的必然要求。把学校教育植根于大自然的时空之中，让学生从小就养成热爱自然、亲近自然，提高欣赏、表达自然美的能力，在自然中愉悦身心，养成保护自身的生命健康以及保护自然生态的善良心意和能力，培养出当代"自然之子"，是学校教育改革中新自然观教育的旨归。[③]显然，当代"自然之子"是中华文脉的当代传承人，也是具有诗性智慧的一代新人。

就人与自然的关系而言，培养当代"自然之子"是对抗现代社会中普遍

---

① 叶澜.溯源开来：寻回现代教育丢失的自然之维——《回归突破："生命·实践"教育学论纲》续研究之二（下编）[J].中国教育科学，2020(2)：23.

② 同①：20.

③ 同①：26.

存在的"自然缺失症"的一剂良方。"自然缺失症"不是一个医学诊断，但提供了一个视角，帮助人们思考自然对于儿童成长以及对于所有人的影响，"即指人类因疏远自然而产生的各种表现，如感觉迟钝、注意力不集中、生理和心理疾病高发。这样的病症在个人、家庭和社区中均可发现。自然缺失甚至会改变城市人的行为及思维模式。"① 自然之子的培养目标为恢复人与自然之间的亲密关系提供了契机，这也是培养主动、健康发展的一代新人的应有之义。

亲近大自然是自然之子的必修课。自然是健康人性的滋养地，是个体生命实践的重要舞台，也是个体生命实践中不可分离的伙伴。"新的研究焦点，不是于自然消失时我们失去了什么，而是当有机会和自然相处时，我们能获得什么。"② 自然智能研究为揭示自然之子的特点提供了诸多线索。加德纳（H. Gardner）于1983年提出了著名的多元智能理论，涉及语言智能、逻辑-数学智能、空间智能、身体运动智能、音乐智能、人际智能、自省智能，后来又增加了第八种智能，即自然智能，其核心是人类对植物、动物和自然环境中其他部分，如云或岩石等的认知能力。

具有第八种智能的儿童的一系列特点：

1. 拥有敏锐的感受能力，包括视觉、听觉、嗅觉、味觉和触觉。

2. 随时可以运用这些敏锐的感觉发现并区分自然界中的事物。

3. 喜欢户外活动，如园艺、野外远足，观察自然或自然现象的实地考察。

4. 容易观察到周围的形状——相同之处、不同之处、相似之处和不正常之处。

5. 对动物和植物感兴趣，并细心照料它们。

---

① 洛夫.林间最后的小孩——拯救自然缺失症儿童［M］.郝冰，王西敏，等译.长沙：湖南科学技术出版社，2013：23.

② 同①：24.

6. 能观察到环境中他人无法察觉的细微之处。

7. 创建、保管或拥有自然物品的收藏、剪贴簿、记录或日记——这些有可能包括观察记录、素描、图画和照片，或是标本。

8. 从很小就对与自然、科学或动物相关的电视节目、视频、书籍或物品非常感兴趣。

9. 表现出对环境保护/挽救濒危物种的强烈意识。

10. 可以轻松地记住从自然界中发现的物品或种类的特征、名称、分类和数据。[1]

叶澜不仅是培养当代"自然之子"的主张者，也是身体力行者。在《俯仰间会悟：叶澜随笔读思录》中，随笔中的重要构成是"与自然对话"。在她的微信朋友圈里，截至本书启动撰写时，与自然的对话已经达到1 300多期。她曾在2018年9月9日对话第1000期时写道："与自然万物通，美不胜收，永不孤独。与天地精神连，气象万千，智启道悟。（自2016年2月9日始所作的'与自然对话'至今日恰满千期。通过手机，发现、细察着身边的天地自然，看到了许多不去看的美，爱上了云石山峦、树木花草、大海小溪、日月四季……独自怡情悟道，与同好交流分享。最深的感受是我可以与自然连通。只因同是生命，只因生生不息之伟力、变幻无穷之惊艳，会震撼心灵、洗涤精神，让我沉浸在最朴实的自然美中，物我相应、其乐无穷。）"可以说，自然不仅是叶澜亲密的伙伴，也是其精神的伴侣。

具体而言，叶澜眼中的美是什么？她曾自述："拍多了，就开始渐渐地透过摄影来看自己，看出了我心中推崇的美：优美——变幻和力量。还有因阳光而带来的灿烂，那种色调因天青而更美，时而强烈，时而柔美，再加上意向性的图像，带来意外的惊叹、温暖的回忆，犹如回到儿时的童话世界。

---

[1] 洛夫.林间最后的小孩——拯救自然缺失症儿童［M］.郝冰，王西敏，等译.长沙：湖南科学技术出版社，2013：55-56.

只要天晴有云，就不忘看天，这已然成了我的习惯。"[①]这种看天的习惯颇通于中国古人仰观天文之道。

相对于"引起极端震惊"的壮美，叶澜更欣赏的是优美，尤其是处在自然节律之中的生命变化与力量之美。她说："人的眼光是多么容易被眼前的突出所遮蔽：鲜亮、破败、新鲜、惊艳、动感、寂静、强烈、委婉，都能成为我们关注的中心，最不易看到和发现的，恰恰是最重要的，每一个生命日日在发生着的变化与成长，尤其是细微的初生。多少文人墨客对梅、松的赞美，还不是被明艳、对比强烈的色彩与寒冷的直接感受所征服？在此次发现之前，我从未想到过白玉兰的花苞，也是从初春孕育，经历酷暑、寒冬的逼拷后，才能有一年一春的大绽放，也未读到过对这一艰难、顽强孕育过程的赞美诗，感受到人们对她的深深敬意。连这些长在眼前的情景都会视而不见，更何况深埋地下的根和各种生命，他们的坚韧、顽强，一年中度过的日日夜夜，我们能知多少？"[②]正是这些不易看到的生生不息之变化与力量，创造了可见的优美。完整的新自然观包含了全程、全整的生命逻辑和生态逻辑，从而更能让人领略生命变化与成长过程中的变化与力量之美。

（三）时空意象

最后，是作为诗性心智与诗性思维表征的诗性语言，尤其是各种审美意象。叶澜说："摄影对我而言是一个发现、构建美和创造作品的过程，更是一种与世界沟通的方式。首先是一种对话的方式，我已超越了记录实物影像的阶段，但远未达到以表达内在自我为目的的最高境界。呈现的是心情（也许有时部分地会产生物我交融之感），但还达不到以景、以物有意识地表达

[①] 叶澜.从摄影识自我［A］//叶澜.俯仰间会悟：叶澜随笔读思录.北京：中国人民大学出版社，2019：80.

[②] 叶澜.紫园花事［A］//叶澜.俯仰间会悟：叶澜随笔读思录.北京：中国人民大学出版社，2019：90.

心态的目的。上述分析可以看出,摄影作品是可以帮助人认识自己和别人的。也许,你对拍什么的关注就是自我呈现的第一步。"①

叶澜眼中的审美意象以自然万物为主题,包括云石山峦、树木花草、大海小溪、日月四季。她说:"在网上,我不晒个人和家庭的照片,也不谈吃喝之事,主要晒的是摄影(自己的)和艺术(转发欣赏的多),大多以自然为主题,云霞和花草树木是我帖中的主角。有意识地想多发现身边的美,生命的生长变化带给人的欢欣,喜欢意外的发现、偶遇,喜欢把精彩的细节放大。这是我到目前为止对自己摄影风格的存在感。"②

以下摘录《俯仰间会悟:叶澜随笔读思录》中有关"行云流水"③的相关描述加以佐证:

1. 关于行云

在夏季,只有在初升和落山时,太阳才有美学的欣赏意义,且还需要有云的"合作"。(78页)

在太阳遇到乌云时,期望看到被阳光镶着金边的乌云,在这里看到阳光的奋力之美。今年以来,常在傍晚时分,在有云的日子里,不断看

---

① 叶澜. 从摄影识自我[A]//叶澜. 俯仰间会悟:叶澜随笔读思录. 北京:中国人民大学出版社,2019:82.

② 叶澜. 杂读有悟[A]//叶澜. 俯仰间会悟:叶澜随笔读思录 北京:中国人民大学出版社,2019:138-139.

③ 这一成语出自宋·苏轼《与谢民师推官书》:"所示书教及诗赋杂文,观之熟矣。大略如行云流水,初无定质,但常行于所当行,常止于所不可不止。"本章以"行云流水"为主标题,一方面来自这一审美意象在叶澜教育研究中的内蕴,另一方面来自叶澜受教育经历中的一次点化。"叶澜的高一语文老师曾在巴西大使馆任职,在叶澜的印象中,这位老师赞赏学生不像其他老师简简单单地夸几句'你真的很好''写得不错',而是带着文气,十分高明。一次,老师布置了一篇作文,叶澜记叙了她暑期在乡下的快乐生活,文中并没有刻意用很美的形容词修饰。但老师写下的一句评语令她记忆犹新:文字宛如行云流水。更出乎意料的是,老师还在全班同学面前朗读了这篇作文。这极大地鼓舞了叶澜。由此,她对自己写作的自信极大增强。"

到彩霞构成丰富的画面之美,而且能看到阳光透过云层折射出瀑布似的光流,如此力度,除了用"震撼"之外,无法找到第二个词。云只有和阳光结合,才能呈现如此大的力量。

我几乎看到云中有的各种大地上的图像:人、鸟兽、花、树、瀑、山,还有天鹅湖畔似的仙境,村里的水码头,通向城堡的天路,太多平和优美,偶尔也有峥嵘。云还因飘移的速度让你兴奋,常常过一会儿,就找不到最初相遇的感觉,所以一旦有感觉,就忙着取相机(现在是手机)。(80页)

我们天天可以看到天际的云聚云散,变幻无穷;满天的飞霞,日落、日出的明与暗;感受四季都有的风雨变换、寒热对话。看似不变的天地,无时无刻不在变与动,不在上演着大剧。你会因宇宙的环抱、赐予人如此之多而感动,心中充满的是美好。与博大自然的沟通能让我们感到人间烦恼的渺小,人变得豁达开朗,能容下各种问题。(84页)

2. 关于流水

水,是爱拍的又一个主题。或瀑或泉,或幽潭或小溪,或乱石溅出的漩涡与浪花,或船、鸭划过后引出的波纹,还有洒在水面上的光路,跳跃在细浪上的光珠。水,要有人搅动,有势差、有撞击、有变化,才会呈现出特有的鲜活。水的另一个可拍之处,是倒影,若有水波晃动,倒影比真实的物更有美感。有一次拍出了一张两岸虚实结合的影,自感有创意,颇高兴。(81—82页)

我想用"溶"与"融"表达春之意。春天是水泡出来的,是阳光暖出来的。冬天也许并不乏雨水,种子、根、枝条都吸足了水,但没有阳光,那是冻水,生命被冻住而无法伸展,它只是在期待,在蜷曲中守望,用生命内在贮存的热量保持、存活着基础性的存在。春雨酥而绵,它不断由外而内地浸润生命,终于融化了冻僵的身躯。水的"溶"、阳光的"融",两种不同的滋润、唤醒生命的力,在春天合在一起,化出

了以生命装扮的春意。(64页)

  溶和融,水和阳光,生命的能源,最原始的力量、生命、春、绿,在溶和融中舒展出人间最美的季节。在严冬和炎夏之间,我们庆幸拥有一个溶融的"春"。(64—65页)

  为了解决校园时空与大自然、传统文化的隔离问题,叶澜主张改变校园的时空设计。她说:"在空间环境的改造上,不少学校把学校环境美化,做到四季有花有绿,每个教室内外都有植物,学生设小岗位承担养护责任。把大自然的花草树木请进学校,成了学校环境建设的追求。"[①]以"新基础教育"实验学校为例,如在上海市闵行区首先开展四季教育的古美学校,把曾经几近被关闭的、缺乏生气的学校改造成了生机盎然、师生共同参与又设计精致的体现"古"莲文化之"美"的美丽校园,学生在大树下嬉戏,在凉亭中读书。由叶澜提炼而成的"生命元气淋漓,实践伟力遒劲,师生意气风发,学校生活滋心"是该校的诗意憧憬与追求。从充满学校浓郁文化气息的小荷广场到有叶澜老师题词的"莲清心静 竹茂业成"八个大字的水幕墙、从弥漫着浓浓秋意和风情的底楼大厅到布满各色风车的八角亭,再从多功能整合的室内体育馆到富有年级文化特色的年级组办公室以及充满体验感的自行车创新实验室,古美不大但精致又充满着生命气息的校园环境给人留下了深刻的印象。

  闵行区的华漕中学也是在空间环境改造上做出综合性深化改造的典型,在校园里开辟了"华草园",形成林荫道,在教学大楼的楼顶建起了屋顶花园,并将现代科技与传统文化民俗等糅合在一起。华漕校园环境舒适优雅,幽静的绿色长廊、创意的快乐菜园、清雅静谧的竹园、充满本土气息的校园文化长廊,朴实温馨,是师生工作、学习与生活的美好家园。

[①] 叶澜.溯源开来:寻回现代教育丢失的自然之维——《回归突破:"生命·实践"教育学论纲》续研究之二(下编)[J].中国教育科学,2020(2):27.

叶澜还强调农村学校有自己独特的优势与资源,即"农村学校在基本条件具备的情况下,是可以大有作为的教育天地,是教育生根于自然之中,体现民族、民间文化并将其化作育人资源的宝地。农村学校唯有办出了它的独特性,才有真活力"①。在对一些农村学校的初步调查和活动中,她发现了许多有创意的实践。如上海市金山区的新农学校,开辟了"农趣园",各种常见蔬菜瓜果、花卉的种植,把种植与高科技结合,使"农趣园"成为孩子们最爱去的地方。廊下小学则将学校的园林景观同日常的歌咏舞蹈等活动融入本地廊桥文化,还办起了展示学校发展历史的校史馆,在校史上使本土文化生根,又使学校的特色资源优势得到凝聚,提炼为一种精神和力量,学校也成了社区文化的资源和向外开放的窗口。浙江省武义县的王宅小学在2018年秋开学初,举行了"丰收节"展示活动,孩子们把暑期参与的农业活动,对农具的认识和使用,还有和父母一起动手制作的酱油、酱瓜等产品都拿到操场上,或展览或动手操作或销售,整个操场成了农业生产劳动、民俗生活、当地产品合成的一幅生动的农村生活长卷。教学楼内则展出了由各年级在不同活动中创作的图画、摄影、诗歌、散文等,留下了学生这一年暑假生活与成长体验的宝贵记忆。与此同时,这一活动又将学生从暑假带入了开学时光,实现了两种生活之间的交融。

二、熙和人气

研究者们注意到空间质量和儿童行为之间的相关性。他们发现,经过精心设计和组织的空间能促进合作和建设性的行为,减少违纪问题和破坏行为。同样,随着游戏环境的丰富,更多样的机会和舒适条件使得游戏行为本

---

① 叶澜.溯源开来:寻回现代教育丢失的自然之维——《回归突破:"生命·实践"教育学论纲》续研究之二(下编)[J].中国教育科学,2020(2):28.

身变得更富于活力、更多彩、更有效①。通过深入研究50个日托中心，美国学者克里切夫斯基（S. Kritchevsky）和她的同事得出以下结论："空间质量越高，教师越有可能对孩子们采取理智和友善的态度，鼓励他们的自选活动，教导他们认识自我和他人的权利和感觉。而在质量低劣的环境中，孩子们则较难融入且兴趣低迷，教师们则更可能采取中性或漠然的态度，更多地采用训斥和禁令，以及向孩子们灌输生活中的强制性原则。"②考虑到空间质量与儿童行为之间的相关性，创造一个宜于教育的高品质的校园环境具有不可低估的重要作用。这也说明，校园里充满盎然生气是其熙和人气的基础。

（一）空间营造

马库斯（C. Marcus）和弗朗西斯（C. Francis）指出，就像一座城市需要公园、海岸及公共户外空间作为它的"肺"，城市中的校园也需要有自己的绿色空间。因此，在一个新建的校园中，应划出独特或特别吸引人的自然景物（比如溪流、池塘、树林、山岗），视其为"圣地"，确保它不会被旁边的建筑所占据或受到视觉上的侵入；在已建成的校园中，应通过调查或观察确定出受学生欢迎的场所，明文规定不让它们受到城市要素的侵蚀。

其中，"种植是设计师创造出色诱人的儿童活动场的最丰富也是最灵活的手段。儿童似乎对植物和其他自然元素有一种亲近感，研究者们发现成人在回忆儿时最喜爱的环境时总是突出强调这些自然元素。'因为具有交互式特性，植物提供了有趣、开放的环境，能够促进探索和发现、表演和想象……儿童把植物作为游戏和学习一种基本资源'"③。穆尔（R. Moore）出过一本非常重要的指导书《可玩的植物：儿童户外活动环境的植物选择指南》，该书详述了植物充当设计要素的方式以及植物在儿童户外环境中可发

---

①② 马库斯，弗朗西斯.人性场所：城市开放空间设计导则［M］.俞孔坚，王志芳，孙鹏，等译.北京：中国建筑工业出版社，2001：242.

③ 同①：261.

挥功能的范围，包括植物所能提供的攀爬、吊挂和躲藏等活动机会，充当"游戏道具"，水果和坚果的采摘以及对植物材质和香味的探索。书中还谈到了野生生物栖息地、毒性问题、侵蚀控制及植物增强儿童各种能力协作的潜在作用。书中附有针对不同设计目标进行选择的全面完整的植物列表，包括常用名和植物学名、植物耐寒区、季节信息。

在《窗边的小豆豆》一书中有关巴学园的纪实描述，让人看到树木在校园中所发挥的突出作用。一是校门，是两棵活树，树上还长着绿色的叶子；二是校园里的树，每个小学生都有自己专用的树，爬树的时候只爬自己的树[①]。这本书的读者中有很多小学生，其中有一个四年级学生在读后感中写道："我也想在小豆豆的学校上学。我也想有这样一个好校长，在阳光下和同学们一起散步，在校园里有属于自己爬上爬下的树，唱完'饭前歌'，大口吃着'山里的东西与海里的东西'……"

在2013年上海市闵行区"新基础教育"中期评估活动中，笔者之一（张永）在学生座谈时总会问："你喜欢校园里哪个地方？在那里会做些什么？"以下是一些代表性的回答：

> 我喜欢操场，可以跑步；
> 我喜欢操场旁边，一条小道边的一排椅子，在那里可以看书；
> 我喜欢到紫藤花下一个人休息；
> 我喜欢楼梯下面像西瓜一样的凳子，可以坐在那里聊天；
> 我喜欢二年级小花园的长椅，可以在那里玩；
> 我喜欢图书馆，可以学到恐龙知识；
> 我喜欢在书香园画画；
> …………

---

① 黑柳彻子.窗边的小豆豆[M].赵玉皎，译.海口：南海出版公司，2018：75.

从这些个性化的言语中可以感受到，学生们来到校园，就来到了一个参与性空间。教育的家园之美就在于校园环境作为教育生活的容器在多大程度上满足了学生们的各种需求，包括安全、健康、交往、学习、自我实现等。

（二）场所体验

可以把班级教室看作中小学生的基地空间，这是他们开展学科学习和班级活动的地方，他们的日常校园活动围绕该基地展开。基地空间不仅是一种具体的物理空间，而且是一种心理空间，通常得到中小学生的强烈认同。因此，可以把班级教室看作"家"，将邻近的户外空间作为具有"前廊"或"前后院"特征的地方。在这些班级教室之外，是真正的校园空间。

如果将班级教室附近的空间视为住家的邻近空间，校园建筑之间的公共区域就可以被看作城市的街道和公园。这些公共空间不是班级教室的附属领地。校园里的公共空间包括校园入口、广场、绿地、操场等。"应该尽可能地创造可命名的空间，这不仅可以强化公共空间的空间结构，而且可以赋予这个地方特定含义。另外，还应利用连贯的标志系统来加强校园的空间结构。"[1]

校园里的开放空间是人人可以使用的校园空间。"一所大型校园的主广场的功能如同一个舞台，一些人'表演'（走过、演奏音乐、演讲、发放文学作品），而另一些人则来观看或是被看。因此，一个成功的广场应该能够满足以下两种基本活动，路过和静态行为（闲坐、学习、等人、进餐、观赏）。广场的基本设计必须能令这两种活动同时进行而且互不干扰，就好像一条向前流动的溪流（人流的运动），两侧同时产生漩涡（休息、观望）。应该为这些需要休息的人流提供显眼的和比较隐蔽的位置。……校园的主广

---

[1] 马库斯, 弗朗西斯. 人性场所：城市开放空间设计导则[M]. 俞孔坚, 王志芳, 孙鹏, 等译. 北京：中国建筑工业出版社, 2001：175.

场应尽量使其边界空间丰富多彩，而且多设置一些'锚点'（比如树木、柱子、花坛）。"①路易斯·康（Louis Kahn）也认为："新的空间必须有'活动的秩序'（order of movement）"，"活动的秩序"不仅仅是一种通过的活动（go movement），同时应包括停留的观念（concept of stopping）。"②据笔者的观察，停留的观念在中小学校园设计中很少体现。一个显著的理由是，在很多校园的公共空间里，很难找到一条长椅，更别说舒适的长椅。

盖尔（J. Gehl）指出："经大大简化，公共空间中的户外活动可以划分为三种类型：必要性活动、自发性活动和社会性活动。每一种活动类型对于物质环境的要求都大不相同。"③必要性活动包括了那些多少有点不由自主的活动，如上课、等人、递送材料等，这是人们在不同程度上都要参与的所有活动，大多与步行有关。因为这些活动是必要的，它们的发生很少受到物质构成的影响，一年四季在各种条件下都可能进行，相对来说与外部环境关系不大，参与者没有选择的余地。自发性活动包括散步、呼吸新鲜空气、驻足观望有趣的事情以及坐下来晒太阳等，只有在人们有参与的意愿，并且在时间、地点可能的情况下才会产生。大部分宜于户外的娱乐消遣活动属于这一范畴，这些活动特别有赖于外部的物质条件。社会性活动指的是在公共空间中有赖于他人参与的各种活动，包括儿童游戏、互相打招呼、交谈、各类公共活动以及最广泛的社会活动——被动式接触，即仅以视听来感受他人。这些活动可以被称为"连锁性"活动，因为在绝大多数情况下，它们都是由另外两类活动发展而来的。人们在同一空间中徜徉、流连，就会自然引发各种社会性活动。这就意味着只要改善公共空间中必要性活动和自发性活动的条

---

① 马库斯，弗朗西斯.人性场所：城市开放空间设计导则［M］.俞孔坚，王志芳，孙鹏，等译.北京：中国建筑工业出版社，2001：177-178.
② 黄南渊.建筑美学的春天：一个城市设计家50年的实践与追求［M］.北京：清华大学出版社，2013：134.
③ 盖尔.交往与空间［M］.何人可，译.北京：中国建筑工业出版社，2002：13.

件，就会间接地促成社会性活动。三类活动的交织融会和共同作用使得公共空间变得富于生气与魅力。

库伦（G. Cullen）在《城镇景观》一书中详细描述了"场所感"这一概念。他指出，一种特殊的视觉表现能够让人体会到一种场所感，以激发人们进入空间之中。而户外空间生活是一种自我强化的过程，当有人开始做某一件事时，别的人就会表示出一种明显的参与倾向，要么亲自加入，要么体会一下别人正在进行的工作。[①] 户外生活，即在特定空间中可以观察到的人及其活动，是各种活动的数量和持续时间的产物。这就意味着在特定地区高水平的活动有赖于两个方面的努力：一是保证有更多的人使用公共空间；二是鼓励每一个人逗留更长的时间。[②] 因此，校园户外空间质量可以通过师生员工在校园户外活动的数量和持续时间加以衡量，而提升校园户外空间质量需要关注并营造师生员工的户外场所感。

在校园空间质量提升方面，"生命·实践"教育学合作研究校——上海市闵行区华坪小学进行了专题探索，取得了显著成效。

上海市闵行区华坪小学校园环境营造案例[③]

华坪，

中华大地上的一坪绿色，

弥漫着生命的气息，

鲜活，自然，和谐；

[①][②] 盖尔.交往与空间[M].何人可，译.北京：中国建筑工业出版社，2002：77；81.
[③] 王叶婷，等.一坪绿色：在新世纪阳光下呈亮：上海市闵行区华坪小学变革史[M].福州：福建教育出版社，2014：99-100.

华坪,

雨后阳光下的一坪绿色,

涌动着生命的创造,

真实,水灵,坚强。

以前,我们一直以玲珑精致的环境为豪,凡有人来参观,一定会让他们去观赏假山瀑布、屋顶花园、"阳光小屋"。可久而久之,我们总觉得有些不对劲。"阳光小屋"关的时候比开放的时候多,因为建在三楼,还考虑到安全因素,因此设立很多限制条款,如限制进去的学生人数、让进去的学生守纪律,以免发生攀爬事故。一个学期下来,全校学生中去过"阳光小屋"的也只有三成左右。由此引起的反思是:建设美丽的校园环境究竟是为了什么?难道只为了多一处供人欣赏的景观吗?不,这不是"新基础教育"。

我们听取了"少代会"的意见,开展了"我爱校园"金点子征集活动。学生们提出:能否在校园里建一处让所有学生都可以进入,可以尽情玩耍、自由交谈的场所?于是,学校有了大操场边上那条回归自然的"月光廊下",它面向全体学生,有漂亮的木格花几,有舒适的长廊条凳,有装着夜灯的棋盘桌椅,还有色彩鲜艳的"英语角"……后来学校又建造了"星光亭",孩子们喜欢极了,常常去那儿,或静坐小憩,或欣赏美景,或促膝交谈,或快乐嬉戏,或绘画学习……

通过这件事,我们感觉,其实,理论离我们很近,就看我们怎么去感悟。学校的每一处布置都应透着学校文化的气息,为学生的发展考虑。

经过论证,我们还采纳了一位自然老师对学校合理化管理的建议,他说:学校门口挂着"科技教育特色学校"的铜牌,人家看见了知道我们这个特色,可一旦拿掉这块牌子,怎么显现这个特色?难道牌子只是给人看的吗?如何真正让学生在校园中获得对科学的兴趣呢?他建议开发资源，进行绿色校园建设。于是我们建成了"风能发电机"，并在升旗仪式上、自然常识课上、"创意小灵童"发明课上给学生介绍，带学生参观，进行科学实验（用风能来发电，带动瀑布泉的水泵，形成瀑布）。现在学生每天都要观察风车转动的情况，期盼能积蓄更多的风能，让大自然的风为学校做贡献。通过师生共同努力，美好的设想正逐步化为现实：我校由风能集聚进而转化的电能现在已能供校园广播系统使用。此外，师生发明的"感应式照明灯"用的电也是风能发电机发的；校园西面围墙上的"夜明灯"，为小区居民晚上出行提供了方便，当他们得知是风能发电机供的电时，都啧啧称赞。这些不仅成了华小的景观，更是教育学生的资源，让他们知道大自然的力量，了解人如何通过科学技术使自然之物成为绿色能源，实现人与自然的和谐相处，从而亲近大自然，激发学生对科学的兴趣，达到超越校园环境建设意义的校园文化建设。

华坪小学在校园环境质量提升方面的探索凸显了校园生气和人气之间的互动。教育的家园感为师生员工创造了一种具有生命质感的在校生活方式，这种生活方式在存在分析者看来是存在的本质，即"在世存在"。罗洛·梅（Rollo May）写道："存在分析者区分了世界的三种模式——世界三个同时存在的方面——这成为作为在世存在的我们每一个人存在的特征。第一个是周围世界，字面意思是'围绕世界的'；这指的是生物的世界，在我们这个时代通常被称为环境。第二个是人际世界，字面意思是'和世界的'，这指的是与某人种类相同的存在的世界，某人的同胞的世界。第三个是自我世界，即'自己的世界'，指的是个人与自己的关系的世界。"[1]这三种世界一直都是相互关联的，并且互为条件。"人类同时生活在周围世界、人际世界和自我世界中。它们绝不是三种不同的世界，而是三种同时存在的在世存在

---

[1] 梅.存在之发现[M].方红，郭本禹，译.北京：中国人民大学出版社，2008：135.

的模式。"①教育家园感离不开益然生气与熙和人气的紧密结合，这也是人与自然的关系在校园环境营造上的独特之处，即人在同自然打交道的同时也在同他人和自我打交道。

三、蔚然文气

如果说自然事物和建筑设施是学校的硬件，那么师生员工及其延续着的传统就是学校的软件。一所学校的品性更多表现在精神文化方面，包含了益然生气与熙和人气。这些品性也是学校生生不息的文脉。因此，校园里有了益然生气和熙和人气，才会有蔚然文气。学校文脉包括了过去的文化和现在的文化及其连续性，而蔚然文气就是学校文脉的结晶。

（一）文化建设

在"新基础教育"研究过程中，学校文化建设是一个不断迭代升级的研究性变革实践过程，这里以"新基础教育"研究基地校——河南省巩义市子美外国语小学的文化建设为例加以说明②。河南省巩义市是河洛文化的发祥地、世界文化名人"诗圣"杜甫的故乡，巩义市子美外国语小学名称中的"子美"就与杜甫直接有关（杜甫，字子美）。该校建校以来一直本着"享受教育"的办学理念，致力于打造"润物无声"的校园文化。在"新基础教育"研究过程中，学校逐渐聚焦到"杜甫文化"的建设。打造"杜甫文化"品牌需要学校深挖其内涵和价值，在原有的基础上做实、做透，使其像空气和水一样弥漫、渗入每一位师生的内心，以此推动学校的全面内涵发展。就

---

① 梅.存在之发现[M].方红，郭本禹，译.北京：中国人民大学出版社，2008：138.
② 本案例材料参考了由河南省巩义市子美外国语小学学生工作第一梯队教师张艳琼老师撰写的《走向家校共建的学校文化建设——以河南省巩义市子美外国语"子美诗韵"项目为例》。该案例完成于2019年12月，是"新基础教育"研究河南省巩义生态区学校文化建设精品专题研究之一。

这样，"子美诗韵"项目活动应运而生。

"子美诗韵"项目的起点是诗词共学。自2006年建校以来，学校精心编制年级阅读反馈卡，指导孩子们"诵杜诗，读经典"。在此基础上，2012年成立阅读研究项目组，编制《阅读晋级手册》。阅读晋级共分为十二级，每一级都精选15—21首必背古诗和必读书目与推荐书目。2018年11月，随着"新基础教育"研究的引入和推进，以学生、家长、教师为主体自发启动"子美诗韵"项目活动，旨在促进杜甫文化在校园文化建设中的推广。

"子美诗韵"每周选取一首诗圣杜甫的经典诗歌，由发起者以插画、书法、手抄报等形式在学校微信平台发出。2018年12月10日，微信平台第一首杜诗《望岳》一经推出就达到了1 869次的点击量，创下了此微信平台点击量的历史新高。每一次的推送都会在前一次的基础上总结、改进。每一幅作品都选自学生、教师和家长的原创作品。

"子美诗韵"项目活动为热爱诗词、热爱书法、热爱插画的教师、家长、学生提供了一个共学及交流的平台。项目组吸引并凝聚了语文、美术、数学、书法等具有不同学科背景的教师，同时让具有不同兴趣爱好的孩子在此项目活动中得到提升和锻炼。发起者中由班主任张艳琼带领的六（6）班的孩子以主人翁的态度全程倾力投入此项目活动，策划、实践、不断完善，为即将毕业的自己留下了浓墨重彩的一笔。当然，学生成长的背后也离不开家长的积极参与和同心协力。

"子美诗韵"项目活动启动以来，几乎所有的班级都参与了每周一首杜诗的发布，师生及家长的创新和变化有目共睹。项目活动丰盈了班级新生活，在推进的过程中，出现了1+2+4梯度发展的结构，以扇面展开的姿态在子美外国语小学蔓延开来。书法教师把诗词和书法进行了完美的结合，美术教师开辟了以杜诗为题材的插画原生态的创作，一个项目活动孕育了不断创新变革的力量，也吸引了更多科任教师和不同年级班主任的参与。随着项目活动的推进，领读员、摘抄员等新的学生岗位不断产生。他们每周及时反思、总结、不断完善，学生们的评价能力、诗词鉴赏能力、审美能力都在项目活动的推进中悄无声息地发生着变化。

"子美诗韵"项目的展开是项目共创。叶澜指出，当代中国学校教育领导首先要有一种文化自觉，即意识到学校的文化精神，学校在当代中国社会发展中的历史使命。①文化是人的活动，它从不停止在历史或自然过程所给定的东西上，而是坚持寻求增进、变化和改革。②显然，外显的校园文化建设只是文化的一种，自觉主动发展的意愿和改变才是校园文化的最高级的表达。杜甫诗中所蕴含的家国情怀及无可估量的价值认同是校园文化建设的底色工程。

调查发现，随着项目活动的开展，对"子美诗韵"项目活动的价值认同和理解还停留在背诵杜甫诗的结果上，而忽略了在推进过程中对学生及教师生命成长的关注。有了形，但还缺失魂魄。仅仅让孩子背诵一首杜诗就是推动杜甫文化传承了吗？显然不是这样，那是这个项目活动最保底的工程，是每一个"子美娃"日常积累的基础。而我们是要以研究的态度从杜甫的诗走进杜甫文化，从杜甫所处的时代背景中了解杜甫，从校园中的一处处景观来解读其背后的含义，从"手拉手在行动"的活动中感知子美被赋予的新内涵，走进杜甫故里来深度解析杜甫的精神……全方位、立体化感知、解读杜甫的家国情怀，并且将这样的一种研究方式迁移到对某一类诗词或一个朝代诗人的研究、分析中，还可以是基于对大自然中的万事万物的敏感而进行的自主研究。最终将促进每个学生思维方式的转变和自主探究内驱力的发生，这才是成长，才是终极的理想状态。

学校在开学初召开座谈会，认真聆听了教师及各位级部长的意见，把校级的杜甫文化节调整为以级部自治的方式召开。在级部长的带领下，每

---

① 叶澜.试论当代中国学校文化建设［A］//叶澜.方圆内论道：叶澜教育论文选.北京：中国人民大学出版社，2019：342.

② 同①：343.

个级部的教师共同参与研讨，从制订活动方案到活动的具体实施全部由级部教师、学生和家长共同完成。学校的管理层发生了巨大的变化，全力以赴为级部提供帮助和支持，让更多的孩子参与其中，让更多的教师把自己的创意和想法在级部"杜甫文化周"中体现得淋漓尽致，参与到学校的发展和规划中去。

为了确保"子美诗韵"的有效推进和实施，学校管理团队把项目活动要推动的杜甫文化纳入学校的顶层设计和长远的发展规划之中；参与"子美诗韵"项目活动的班级，班主任微课题、日常考核、绩效工资都将项目研究纳入考核，向参与研究的教师倾斜；改变级部长的工作职责，由管理级部的各种事务到带领级部师生走向发展转变。至此，学校的特色逐渐聚焦并清晰，那就是由诗词文化做底色的校园文化建设出现雏形，年段和年级特色雏形显现，一班一特色也出现端倪。例如，一、二年级在推进的过程中突出家校合作，以亲子合作的形式推送作品。六年级作为发起"子美诗韵"项目活动的主要年级，参与每一期作品的规划、设计、发布，成为融入学校文化建设的主体。同时，学校也在项目活动中创造性地开启了学校、年级、学生三方评价机制。

"子美诗韵"项目的升级是家校社共建。在"子美诗韵"实施的过程中，家庭、学校项目组、社区组织三方不同的教育主体和学习主体都在相互滋养并相互学习，为巩义地区的孩子营建了一个"诗词之乡"的巨大磁场。最受益的是我们的孩子，他们在诗歌的滋养下逐渐成长。

暑期来临，"子美诗韵"项目组的教师走进巩义市文化广场"诗乡月明"诗歌角，做志愿者的同时，也融入其中，和小朋友、家长一起诵读。每天晚上，都有孩子和家长来这里背诗、斗诗、唱诗。活动结束前还有家长志愿者、教师和诗词爱好者带领大家学习新的诗词。学习的内容有志愿者提供的杜甫诗歌、毛泽东诗词、《人民日报》推送的135首古诗和文化公开课等。

诗歌角是由一些志愿者全力负责的一个社区组织。在巩义市委市政府、文广旅局等的关心、支持和鼓励下,很多家长带着孩子晚上早早走出家门,在诗歌角共同学习,传承诗词文化、感悟诗词之美、成就诗意人生。"子美诗韵"项目活动的汇入正好弥补了暑期学校学习的缺失和家庭学习的局限,把学校、家庭和社区三者有机地融合在一起,诗歌角也成了暑期学习集结地。社区、家庭、学校在推动诗词文化的发展中有着不一样的教育功能,形成合力,更好地打造"中国诗词之乡"的文化品牌。

诗歌角的魅力和氛围逐渐蔓延至在此受益的每一个孩子和家庭,诗词的魅力从社区的场域扩散到家庭文化的构建之中。这时的学习主体发生了变化,爸爸妈妈、爷爷奶奶都成了和孩子共同背诵经典的主体,而文化的底蕴及文化的氛围也在家庭中滋生滋长。学习的方式也发生了从"孩子,你来背诵"到"孩子我们一起来背诵"的转变,学习态度从"要我学"转变为"自我主动学习"。这样的学习方式和态度所产生的力量不可估量,直接改变的是一个家庭的学习状态及生活质量。

学校作为"杜甫文化"教育的主阵地,作为社区与家庭的联结者,更是有着独特的教育功能。目前,学校已经把全面推进杜甫文化传承作为学校的顶层设计。以学校自主开发并创编的校本课程教材《阅读晋级手册》为基础,响应巩义市委市政府提出的"杜诗进课堂"的号召,伴着"子美诗韵"项目活动的推进和不断创新,学生在深厚的文化底蕴中构建了全新的学习和生活方式。学校不断地完善评价机制,基于学生生命长远的发展,夯实有着自身特色的底色工程,把经典诵读进行到底,把特色的活动融入孩子的生活。例如,有一次,一(8)班班主任充分利用开学当天的家长会,给所有的家长讲解诗歌角里一个个催人奋进的故事,并把当天晚上开学第一课的地点选择在文化广场诗歌角中进行,让起始年级的孩子和家长在诗歌的浸润下开启新的学期。基于家长的力量,学校创造性地启动了古诗背诵小达人活动。各年级在级部长的统筹规划下,在学校成立了各级部诗歌角。"子美诗社"的成立,首届"杜诗画展"的开启,"小诗童、小诗星、小杜甫"的评比，各个班级的诗词诵读打卡等，使"杜甫文化"融入子美校园日常的每一个清晨和黄昏。

在推动学校文化建设发展的过程中，学校、家庭、社区都有着自己独特的教育功能，同时，它们之间又是相互滋养的关系，不可分割。在共学共创共建的基础之上，学校的文化建设、巩义地域的文化建设、巩义这一方土地上生活的居民在诗词文化的浸润之下都会发生变化。这改变和影响的不仅是一所学校、一个家庭，还净化和呵护着人的心灵，改变的是一座城。

（二）特色彰显

学校文化建设是叶澜教育研究中的一个重要主题。早在"新基础教育"探索性研究阶段，叶澜就提出了转型时期学校教育的文化使命问题，并撰写了《世纪之交中国学校教育文化使命之思考》一文。在学校文化建设这一主题上，她区分了学校大文化建设与小文化建设：前者是在学校文化建设与社会大文化复杂生态直接关联以及学校在文化继承与创新中的独特地位与功能意义上而言的，后者是在学校文化建设同校园文化、课程建设相关的意义上而言的。她指出："尽管这两类文化建设相互沟通且都体现在学校之中，但是两者思考问题的立场与视角存在区别，对学生身心发展的意义和对教育者的要求也有所不同。"①

1. 学校大文化建设上的"超前"意识

叶澜对学校大文化建设和小文化建设都有系统的研究。在学校大文化建设上，她强调的是"超前"意识。她认为，在社会平稳发展时期，学校教育作为传递文化的工具这一观点可能不被人质疑，但是在社会转型变革时期，"唯一的出路是参与到新文化的创建中去，按社会发展的要求和时代精神建

---

① 叶澜."新基础教育"论——关于当代中国学校变革的探究与认识[M].北京：教育科学出版社，2006：372.

构超越现实的新学校文化"①。学校大文化建设反映了教育与社会、识字与识世、传统与未来、现实与理想之间的相互交织。这是一门大学问,需要立定大志并花大力气进行研究。

在学校大文化建设的"超前"意识上,映照着叶澜倾注于世道人心的生命史和包含人生阅历与复杂运思的学术史,以及二者之间的相互滋养与生成。孔子说:"四十而不惑,五十而知天命,六十而耳顺,七十而从心所欲,不逾矩。"叶澜的学术史转换同这一生命历程转换十分契合。"生命·实践"教育学的孕育期(1983—1991)正是叶澜进入不惑之年以后。这一时期也是其学术史的"不惑"时期,因为"生命·实践"教育学的基因"生命·实践"出现在这一时期。《论影响人发展的诸因素及其与发展主体的动态关系》一文在其学术史上是开山之作,可以看作她的《教育概论》一书的胎盘。该文所提出的人学意义上的生命概念,是其学术史中一以贯之的基本概念,标志着其学术史的第一个重大突破。这一学术突破可用"生命自觉"加以概括。"生命自觉"一词蕴含着叶澜对生命精神和生命发展之道的求索,可谓是其学术基因和基底。

基于"生命自觉"而产生的"教育自觉"是叶澜学术史上第二个重大突破,贯穿了其"知天命"和"耳顺"之年。"教育自觉"一方面是教育学研究的自觉,另一方面是学校教育整体转型的自觉。前一方面的代表作是《教育研究方法论初探》,后一方面的代表作是《"新基础教育"论——关于当代中国学校变革的探究与认识》。《"新基础教育"论——关于当代中国学校变革的探究与认识》是对"新基础教育"探索性、发展性和成型性三个研究阶段的理论凝练,跨越了"生命·实践"教育学的初创期(1991—1999)、发展期(1999—2004)和成形期(2004—2009)。"新基础教育"研究以实现学校整体转型为目标,通过研究性变革实践,着力于学校领导与管理、教

---

① 叶澜."新基础教育"探索性研究总报告——面向21世纪学校教育整体改革的初始构建[A]//叶澜.变革中生成:叶澜教育报告集.北京:中国人民大学出版社,2019:138.

学和学生工作两个层次三个领域。在关于教育的认识上，完成了由三个层次构成的观念系统：教育的总观念系统，学校教育的观念系统和学校内每一领域的观念系统。

在叶澜70岁及以后，"新基础教育"进入了扎根研究（2009—2012年）和生态式推进阶段（2012—2015年），"生命·实践"教育学也进入了"通化"期（2009年至今）。由"生命自觉"和"教育自觉"酝酿而成的"社会自觉"是其学术史的第三个重大突破。"社会自觉"也包括两个方面：一方面是在教育学派创建上，进入了快车道；另一方面，在教育学原理上，提出了"社会的教育责任""社会教育力的聚通与提升"等命题。"从心所欲，不逾矩"体现在她在该时期对"通化""融通""扎根""生态""日常"等关键词的高频使用上，体现在她对"新基础教育"内生力的深度解读[①]上。这些关键词和深度解读渗透着中国文化传统内蕴的思维方式和智慧，同时又呈现出复杂性学科的新思维，从心所欲于古今中外，而又不逾教育学之矩。由此而产生的是"有温度的理论""有灵性的体系""关于人的教育学"和"有性情的学术"。

2. 学校小文化建设中的"个性"追求

学校小文化建设虽然同学校大文化建设有所区分，但不是割裂的。二者之间犹如"博"与"专"的关系：学校大文化建设之"博"是为了"以博聚专"和"以博支专"，学校小文化建设之"专"则是"籍专涉博"和"由专显博"；学校小文化建设应该爆发出学校大文化建设的全部能量和闪出耀眼的火花，犹如"尖端放电"。

---

① 叶澜在《"新基础教育"内生力的深度解读》一文中提出了贯穿"新基础教育"研究始终的四个"读懂"和四个"自觉"：读懂时代，唤醒投身教育改革的自觉；读懂学校，明晰研究性质为整体转型的自觉；读懂教师，提升教师转型发展的自觉；读懂理论与实践的关系，双方致力于建构新型关系的探究自觉。

在学校小文化建设上，叶澜强调的是"个性"。在"新基础教育"研究过程中，办学形成特色、文化呈现个性是新型学校之"特"的首要构成。针对"学校缺乏个性这一我国当代学校普遍存在且已被意识到的问题，目前普遍采用的改变方式是强调创建自己学校的特色，但大多数学校对特色的理解是做出'强项'，以强项点状呈现的方式标明特色"这一问题和现象，叶澜主张"学校个性的本质是文化个性"[①]。

叶澜指出，学校小文化建设由表及里包含三个层次：在环境上，要从建筑设计、整体布局与风格、墙面文化、走廊文化和绿化设计等方面体现文化个性，这些是走进学校就能感受到的、最为表层的文化个性的载体；相对刚性的学校制度和稍有弹性的组织构架，若有统一的文化精神做支撑，能够通过制度文本的阅读、解释和组织结构原则的评析读出，这是中间层次的文化建设；师生的精神风貌、心理状态、行为举止、人际关系以及学校各种活动的过程和处理各种教育事件的方式方法，这些是最为深层的学校文化个性，也是学校文化个性形成中最富有活力和能将文化精神转换成真实的教育力量的构成[②]。这一有关学校小文化建设的三层次论表明，它既是精神的，又是实践的；既是个人的，又是学校群体共有的。[③]

学校小文化建设既要从整体着眼，也要从关键处着手。学校文化个性的建设必须落实到学校的一切方面，在明确了目标以后，要有细致的行动方案，如形成体现文化个性的校训和学校形象标志。[④] 在"新基础教育"过程中，叶澜参与了多所试验学校文化个性的提炼，使这些学校都形成了富有个性的校训。例如，在上海市闵行第四中学，叶澜看到该校植根于学校内部特点，提炼出"自育"作为学校文化核心。之后她又将"拼命追击、死缠到底"的棒球精神融合提炼成"励志、健体、自育、自强"八个大字，使该

---

① 叶澜."新基础教育"论——关于当代中国学校变革的探究与认识 [M].北京：教育科学出版社，2006：389.

②③④ 同①：390.

校对"自育"内涵的认识更进一步,突出了身心健康、志向高远、主动发展、勇往直前和永不放弃的人生态度①。该校四幢教学楼分别被命名为"励志楼""健体楼""自育楼""自强楼",从外显的文化载体出发,"自育"精神开始在全校各个领域渗透转化。

上海市闵行区七宝明强小学校训变迁史②

明强这所百年老校在不同历史时期,提出过不同的校训,见证了民族振兴、教育发展及百年明强自身的成长。仔细回味明强校训的每一次变化,眼前不禁浮现出一代代明强人与时俱进求发展的坚实足迹……

建校初期的"民生国势,赖以明赖以强也",奠定了明强历次校训变迁的核心基因。

革命战争年代,先后有24位中共地下党员以教师身份为掩护,来到明强工作,编辑革命刊物,传播革命思想,发展革命力量,校训遂改为"勤学,勤业,交朋友",倡导学革命思想、干革命事业、交革命朋友。明强成了革命志士的摇篮,培养了一大批优秀学生党员。

改革开放,催生了市场经济大潮;物质文明,呼唤精神文明的同步发展。为探索一条继承校训传统、适应市场经济发展的素质教育之路,1996年,明强将校训改为"明礼义,明责任;进取心强,耐挫力强",强调培养学生良好的礼仪修养、高度的时代责任感、积极的进取心和坚忍的耐挫力。

在"新基础教育"实践中,明强人对校训的理解加深。大家感到,

---

① 屠红伟,等.自育自强:滋养生命之林蓬勃生长:上海市闵行第四中学"新基础教育"十年的文化发展史[M].福州:福建教育出版社,2014:46.
② 顾文秀,王晓.生命自觉:新型教育者的成长之路:上海市闵行区七宝明强小学学校变革史[M].福州:福建教育出版社,2014:35-36.

原有校训初期在规范人的行为、纠正心理偏差等方面起过积极作用，但涉及的几个要求不在同一层次上，涵盖面也不够。在教育实践过程中又更多依赖外部的规范和推动，不能充分体现培养"21世纪新人"主动发展的要求。

2002年，在叶澜老师的启发和指导下，明强人提出了新的学校精神："明事理，明自我；强体魄，强精神"。这是学校文化从外在任务标准到内在精神发展的整体转型，强调的是人在生命成长中的自我意识和自我超越，强调培养精神和体魄共强的自由和主体的力量。这一重新诠释较好地把"新基础教育"的主旨与百年明强"自强不息"的文化积淀融合起来，实现了传统底蕴和现代精神的延续再生，为明强文化的当代发展提供了新的精神动力。

明强校训的变迁，在宏观上，见证了中华民族的百年历史，见证了中国百年教育改革的发展脉络；在中观上，见证了一所学校百年来文化理想的发展历程；在微观上，见证了明强人独特的心路历程和实践足迹。

在"新基础教育"研究过程中，逐渐提炼而成的学校文化个性表达还有很多。如上海市闵行区实验小学把办学核心理念的内涵表达为"启蒙养正·自主合作"[1]；在闵行区华坪小学，叶澜写下"和而不同，乐而不松，和谐融通，快乐成功"，激励该校不断拓展"和谐、快乐"校风的内涵，提升发展层次[2]；在江苏省常州市第二实验小学，形成了"乐群奋进·活力创新"的学校文化个性[3]。

---

[1] 何学锋，等.根深叶茂：老校在变革中焕发活力——上海市闵行区实验小学"新基础教育"研究变革史[M].福州：福建教育出版社，2014：40.

[2] 王叶婷，等.一坪绿色：在新世纪阳光下呈亮——上海市闵行区华坪小学变革史[M].福州：福建教育出版社，2014：45.

[3] 王冬娟，等.越而胜己：源于坚持日常实践变革之伟力——常州市第二实验小学"生命·实践"教育学合作研究校创建史[M].福州：福建教育出版社，2014：107.

第三章　生生相长：课堂教学之美

> 真实是课堂生活的灵魂，师生在过程中的成长是其最动人、悠长的旋律。①

——叶澜

叶澜教育研究中具有"原生性"的是"教育活动型存在"的实践变革研究。集中体现在她1994年主持开展并持续领导近30年、历经两大时段（1994—2009，以学校为基本单位的转型研究，该大时段具体包括各为5年的三个研究阶段，即探索性、发展性和成型性研究；2009年至今，共生体建设研究）的"新基础教育"研究。它是当代中国转型社会中的学校整体转型性变革研究，包括学校领导与管理变革、学科教学改革与师生发展、综合活动与学生成长三大领域。其中，教学改革与师生发展具有推进、深化学校整体变革的全局性意义，"教学，尤其是课堂教学，其中最基本的是必修课的课堂教学，过去是，当今依然是我国中小学教育活动的基本构成部分"②。这种历史与现实的判断，使教学

---

① 叶澜.课堂教学过程再认识：功夫重在论外［A］//叶澜.变革中生成：叶澜教育报告集.北京：中国人民大学出版社，2019：50.
② 叶澜.让课堂焕发出生命活力［A］//叶澜.变革中生成：叶澜教育报告集.北京：中国人民大学出版社，2019：3.

改革成为学校整体变革必须"攻坚"的"硬核"。这是"学校教育改革中的一场攻坚战"①。正因其重要和艰难,"知难而上,执着追求"成为"新基础教育"研究的首要精神。叶澜花了极大的力气带领团队持续探索、深化课堂教学改革与师生发展问题,这成为叶澜教育研究的重要构成,也是其教育研究美学意蕴极生机灵动的具体综合之体现。

自1994年"新基础教育"探索性阶段伊始的研究"总方案",至2018年全国"新基础教育"研究共生体第十次大会总报告《新时期"新基础教育"研究再出发》,课堂教学改革及其育人价值的充分、深度开发一直是叶澜教育研究的重要构成。叶澜关于课堂教学的研究过程及其生成的基本成果,是本文研究的基本素材和主要内容。如表3-1所示。

表3-1 叶澜课堂教学研究的基本成果

序号	时间	研究成果	核心内容
1	1991	《教育概论》(专著)	教育系统最内层:教学育人转化
2	1994	《时代精神与新教育理想的构建》(论文)	时代新人:当代教育教学的培养目标
3	1997	《让课堂焕发出生命活力》(论文)	从生命的高度,用动态生成的思维,开发教学对于师生生命质量的独特多重意义
4	1998	《更新教育观念,创建面向21世纪的新基础教育》(论文)	"三观十性"系列观念
5	1999	《"新基础教育"探索性研究 报告集》(主编)	课堂教学新样态及小学语文、数学学科教学改革研究报告
6	2002	《重建课堂教学价值观》(论文)	价值观:培育新人,教学内容重组及长程两段的弹性结构化设计
7	2002	《重建课堂教学过程观》(论文)	教学过程展开逻辑,教学改革推进步骤
8	2003	《改革课堂教学与课堂教学评价改革》(论文)	推进改革实践的评价改革及其阶段过程

---

① 叶澜.让课堂焕发出生命活力[A]//叶澜.变革中生成:叶澜教育报告集.北京:中国人民大学出版社,2019:4.

续表

序号	时间	研究成果	核心内容
9	2004	"'新基础教育'发展性研究"丛书（3本，主编）	教学改革新发展、语数外教学改革研究报告及师生发展与学科教学案例集
10	2006	《"新基础教育"论——关于当代中国学校变革的探究与认识》（专著）	"生命·实践"教育学的教学论整体构建
11	2009	"'新基础教育'成型性研究"丛书（7本，主编）	语数外教学改革报告、教学改革指导纲要
12	2010	《重读经典——当代中国教·学关系研究的必要回归》（论文）	中国文化中教育教学思想与思维方式的回归与当代开发
13	2013	《课堂教学过程再认识》（论文）	教学特殊性、要素及其关系，预设与生成的关系
14	2016	《"生命·实践"教育学派的教育信条》（报告）	学科教学的特殊性、基础性
15	2018	《新时期"新基础教育"研究再出发》（论文）	学科教学育人价值的深度充分开发

上述叶澜课堂教学改革研究成果的主要内容，至少涉及三个层面。一是通过生命、让生命"变得更美好"的价值观。这是教学改革研究的前提认识，与教学改革的反思与重建密切相关。它带来"一生多维"之美。二是教学论层面的观念系统和形态更新，包括课堂教学的目的、过程与评价等。这是基本理论与改革实践的交互生成，是内涵价值取向的思维方式与研究路径。三是具体综合的课堂教学新生活。现实的新型课堂生活、师生关系及其互动生成过程，是理论之现实力量的具体表达，综合呈现出课堂教学的"涌动相生"与"螺旋化成"之美与力。

一、一生多维

"一生多维"之美，具有多重内涵。如前所述，叶澜教育研究中的课堂教学改革是学校整体变革的基础构成，其核心指向培养"时代新人"，创建新型学校的教育新生活。这是"新基础教育"教学改革自始至今一直坚守又不断深化的价值取向之"一"。这个坚守不变又不断深化的"一",在具体综合的实践中创生出多个层面的价值体系与生命活力。

宏观层面的教育价值观和中观层面的学校教育目标与微观层面的教学价值观、过程观等密切相关,不断走向教学实践过程中的具体综合创造。"时代新人"这一生命形象,在逐步推进的教学改革中,生发出"生命活力""主动健康发展""生命自觉"等一系列新内涵。这可以说是第一层面的"一生多维",具有鲜明的价值取向:教育,让生命通过生命变得更美好。

价值观的重建落实在课堂教学过程改革中,包括教学设计、实施和反思重建三个基本阶段。在教学设计阶段,围绕育人目标,着力开发学科教学的育人价值,主要包括三层:共通层面,任何学科教学的人人文化互动过程的育人价值;特殊层面,不同学科教学的独特育人价值;具体层面,每节课具体综合的班本化育人价值。这是第二层面的"一生多维"。

在教学实施阶段,既有"有向开放"产生的"一生多维"之资源,又有多维资源复杂互动带来的核心推进过程,多维、多向资源交互反馈、集聚生成,呈现出"涌动相生"之美。在反思重建阶段,围绕育人目标的达成,教师及合作者共同研究学生在教学中的成长变化,发现教学推进中的创造与经验,同时发现可以改进的问题与发展空间,进入新一轮的设计与实施。这是第三层面育人价值创造性落实意义上的"一生多维"。

日常一次次、多层面的"一生多维"与"涌动相生",累进实现教学育人目标的"螺旋化成",具体生动地呈现出叶澜课堂教学改革研究中的生命价值取向之美、生命间互动生成之美、转化融通与生命成长之美。本节着重解读"一生多维"之美。

(一)一以贯之的育人价值

当代中国学校日常的基础性日常活动是课堂教学。课堂教学基础性地位的再确认,意味着中国基础教育的改革进入"攻坚战"阶段。改革课堂教学绝不比简单地否定课堂教学容易,对此我们必须有充分的认识。我们需要从理论到实践开展课堂教学的重建研究,它关涉课堂教学价值观、过程观和评价观的变革,关涉数以百万计的中小学教师头脑中的观念变革和课堂教学行为变革,关涉师生课堂生存状态的变化。[①]改革之初,对"课堂教学"基础性地位的重视与攻坚式蜕变之艰难的理性清思,聚焦到对师生生命存在状态的"终极"关注,这是叶澜课堂教学改革研究中"一以贯之"的"育人价值"红线。它始于"新人理想"之美,呼唤"生命活力"的焕发,强调"主动健康发展",在互动生成的日常化累进中实现"生命自觉"。

1. 始于"理想新人"之美

叶澜在20世纪80年代明确提出:发展主体所从事的各种性质和水平的"活动",是人的发展由可能转变为现实的"现实性因素","可能性因素为人的发展提供的是多种可能,但要使可能最终成为现实的发展,只有借助于个体的活动才能实现。正是在使个体发展的各种可能变为特殊的现实发展的意义上,可以说个体的活动是个体发展的决定性因素,没有个体的活动就谈不上任何发展"[②]。在影响人发展的意义上,她提出:学校教育是一种包含特殊个体、特殊环境和特殊活动的综合因素;学校各项教育、教学活动,是人类实践中的特殊实践;学生大量的生命实践是在学校中进行的,学校教育应该且可能对参与其中的学习者的发展起引导作用。为此,学校教育在影响人的发展方面,应把培养受教育者的自我教育和自我控制能力以及识别、控制、利用环境的能力作为根本任务,并贯彻到教育的一切阶段和一切活动中

---

① 叶澜."新基础教育"论——关于当代中国学校变革的探究与认识[M].北京:教育科学出版社,2006:245-247.
② 叶澜.论影响人发展的诸因素及其与发展主体的动态关系[A]//叶澜.方圆内论道:叶澜教育论文选.北京:中国人民大学出版社,2019:98.

去。这是从最根本意义上保证教育对人的引导作用。为此，学校应为学生提供选择的可能并教育学生学会选择，并为自己的选择做出切实的努力和学会对自己的选择负责。学生的自主能力在选择中形成。① 这些构成了对学校教育教学在影响人发展中的特殊作用的基本确认。

20世纪90年代初，直面市场经济对学校教育的冲击，叶澜提出：中国社会进入了转型巨变的历史新时期，它立足变革、强调发展、重视未来，充满选择的机遇和挑战，是一个呼唤"新人"的"大时代"。这个时代需要能在多样、变幻的社会风浪中把握自己命运、保持自己追求的人。② "时代精神"内在规定了当代中国教育应该培养怎样的人。"时代新人"的理想形象为"新基础教育"学校整体转型性变革研究明确了育人目标，教学改革实践从一开始就有清晰、清醒的教育基本理论：以育主动健康发展的"时代新人"为核心价值。

> 只有与时代精神一致的教育理想才能引导一个推动时代向前发展的新教育的构建，而教育理想的构建又是以培养什么样的人这一问题为核心的。没有对未来社会所需要的新人之基本品质、知识结构和能力要求的认识，就不可能对教育实践的方方面面、各个环节做出合目的的设计，这样的时代精神必游离于教育实践之外，教育面向未来也只能停留在口头上。③

"时代新人"是一个多维多向、整体融通的能动生命，它蕴含着丰富的生命潜能和成长气息。落实在现实中，需要教师心中有人，眼里有成长发展

---

① 叶澜.教育概论：修订版［M］.北京：人民教育出版社，2006：222.
② 叶澜.时代精神与新教育理想的构建［A］//叶澜.方圆内论道：叶澜教育论文选.北京：中国人民大学出版社，2019：321-322.
③ 同②：321.

中的"具体个人"。以"时代新人"为核心的当代新型教育，需要以生命来读懂、发现、成全生命更美好的可能，是完整生命间的互动转化、更好生成。这里有价值取向之美，也有思维方式之力，还体现出清晰透彻又自心喷涌、理性与激情交融的叶澜表达之美与力。

以之观照现实中的课堂教学，不难发现其单一、割裂、固化等许多问题。正是对这些问题的敏锐发现和透析，叶澜发出了"让课堂焕发出生命活力"的呐喊。她提出从生命的高度用动态生成的观点[①]来看课堂教学，开发其多重丰富的本真价值。"生命活力"包括三个层面：（1）课堂教学内容的人类生命创造之再开发及其与师生生命的关联式激活；（2）课堂教学对参与其中的师生双方都具有个体生命发展价值，教师在其中创造、发展，而不是只有付出和"燃烧"；（3）课堂教学本身是具有过程生成性的独特生活，蕴含着巨大的生命教育力。多重交互的"生命活力"，师生共在的"课堂生活"，过去、现在与未来生命的整体关联式相互滋养、激发与更新，呈现出教育美的丰富样态与意象。

"让课堂焕发出生命活力"不只是一声呐喊，它诞生在"新基础教育"改革研究中，努力从反思走向重建。重建的第一步是更新教学价值观，重新认识和设计课堂教学。

> 我们把教学改革的实践目标定在探索、创造充满生命活力的课堂教学，因为，只有在这样的课堂上，师生才是全身心投入，他们不只是在教和学，他们还在感受课堂中生命的涌动和成长。只有在这样的课堂上，学生才能获得多方面的满足和发展，教师的劳动才会闪现创造的光辉和人性的魅力；也只有这样的课堂，教学才不只是与科学，而且与哲

---

① 叶澜.让课堂焕发出生命活力［A］//叶澜.变革中生成：叶澜教育报告集.北京：中国人民大学出版社，2019：7.

学、艺术相关，才会体现出育人的本质和实现育人的功能。①

诚如康德所说："对一种教育理论加以筹划是一种庄严的理想，即使我们尚无法马上将其实现，也无损于它的崇高。"②教育的有意识、有目的性，内在规定了教育首先需要理想、价值追求，它与人性的完满实现、社会的更好发展、人类的文明进化都密切相关，在此意义上，教育教学的理想、价值取向具有鲜明的"美"之意蕴。

2. 价值观的系统转化

培养"时代新人"是总目标，是课堂教学新价值观的上位概念，它总领并渗透在教学价值观中，但不等于就是教学价值观。进入课堂教学改革，还有一个教学价值观内部的层层转化、具体创生。

首先是一般层面上整体共通的教学价值观。

"新基础教育"形成的教学共通价值观的核心理念是：当前我国基础教育中课堂教学的价值观需要从单一传递教科书上呈现的现成知识转为培养能在当代社会中实现主动、健康发展的一代新人。我们认为，学科、书本知识在课堂教学中是"育人"的资源与手段，服务于"育人"这一根本目的。"教书"与"育人"不是两件事，而是一件事的不同方面。在教学中，教师实际上通过"教书"实现"育人"，为教好书先要明白"育"什么样的人。只关注现成知识传递价值的教师，实际上是在"育"以被动接受、适应、服从、执行他人思想与意志为基本生存方式的人。青少年学生内在于生命中的主动精神和探索欲望在这样的课堂

---

① 叶澜. 让课堂焕发出生命活力 [A] // 叶澜. 变革中生成：叶澜教育报告集. 北京：中国人民大学出版社，2019：11.

② 康德. 论教育学 [M]. 赵鹏，译. 上海：上海人民出版社，2005：6.

教学中常常受压抑，甚至被磨灭。这种情况不改变，教育将成为阻碍个人和社会发展的消极力量。"新基础教育"主张今日中国的中小学教育，应把形成学生主动、健康发展的意识与能力作为核心价值，在教育的一切活动中都要体现这一价值。①

师生共在的课堂生活是学校日常的师生生命实践，也是育人的重要途径。"育"能在当代社会中主动、健康发展的"时代新人"，这样明确的教学价值观对现实具有极强的针对性。它针对课堂教学对主动发展潜能的压抑，特别警惕"育"出被动之人的问题。为此，叶澜率大中小学研究团队持续用功，努力将理想价值创造性地落实在课堂教学中。这进入第二个层面：相对特殊的学科教学价值观重建。

学科教学价值观关系到每位教师如何认识和实现自己承担责任的具体学科教学之独特价值，包括解读学情，重组教学内容，研判教学目标，设计灵活弹性的结构化教学推进过程等。

针对课程、学科教学内容隔断知识与生活世界的联系，隔断知识结果与人类发现过程的联系，缺乏"人气"和"生命色彩"等问题，叶澜提出了以青少年发展、成长需要为核心，研究中小学课程整体变革中的"生命色彩"问题。

每个学科对学生的发展价值，除了一个领域的知识以外，从更深的层次看，至少还可以为学生认识、阐述、感受、体悟、改变这个自己生活在其中并与其不断互动着的、丰富多彩的世界（包括自然、社会、人，生活、职业、家庭，自我、他人、群体，实践、交往、反思，学习、探究、创造，等等）和形成、实现自己的意愿，提供不同的路径和

---

① 叶澜.重建课堂教学价值观［A］//叶澜.变革中生成：叶澜教育报告集.北京：中国人民大学出版社，2019：14.

独特的视角、发现的方法和思维的策略、特有的运算符号和逻辑；提供一种唯有在这个学科的学习中才可能获得的经历和体验；提升独特的学科美的发现、欣赏和表达能力。唯有如此，学生精神世界的发展才能从不同的学科教学中获得多方面的滋养，在发展对外部世界的感受、体验、认识、欣赏、改变、创造能力的同时，不断丰富和完善自己的生命世界，体验丰富的学习人生，满足生命的成长需要。①

叶澜进一步提出，我们认为：最有希望的德育乃至整个人的发展，须通过深度开发每个学科独特的育人价值来实现。学科本身内含着独特育人价值，包括思维、道德和未来探索等多个方面，如符号系统、知识要素、结构体系、内在逻辑、研究方法、发展历史、杰出人物、社会贡献、人类价值、学科精神、未知领域、前沿问题、多元观点、探索方向和不同可能，等等。②这是一个须花大力气深度开发的、富有生命气息的多维融通之整体。它需要重组教学内容，创造性地做出弹性灵活的结构化设计。

（二）多维价值的开发开启

革新教学设计，创造性地开发课堂教学的独特育人价值，努力将其转化为日常真实的教学过程，才能让课堂焕发"生命活力"，培育"时代新人"，实现"生命更美好存在"的价值追求。一个真正把"人的发展"放在关注中心的教学设计，会为师生在教学过程中发挥创造性提供条件；会关注学生的个体差异（不仅是认知的），为每个学生提供主动积极活动的保证；会促使课堂中多向、多种信息交流的产生并对及时反馈提出要求。这样，教学设计

---

① 叶澜.重建课堂教学价值观［A］//叶澜.变革中生成：叶澜教育报告集.北京：中国人民大学出版社，2019：19.
② 叶澜."生命·实践"教育学派的教育信条［A］//叶澜.变革中生成：叶澜教育报告集.北京：中国人民大学出版社，2019：449.

就脱去僵硬的外衣,显露勃勃生机。[1]叶澜在理论与实践交互构建的课堂教学改革研究中,与广大教师一起形成了"新基础教育"教学设计的核心价值、基本要求和过程逻辑。它具有弹性灵活的整体结构设计之美和创造性转化的过程生成之美。

1. 弹性灵活的整体结构设计之美

以"教学"多边活动为基本单位、基于"两个解读"(解读教学内容和具体学情)所创生的教学设计,至少包括:教学目标及其提出依据、教学全程设计。教学目标的形成依据至少来自两个方面:对教学内容育人价值的开发,对学生过去、现状与未来发展可能的研究,即"两个解读"。

> 一方面需在清晰所教学科内容结构的前提下,认识本节课的内容在整体中的位置,它所必须掌握的知识、技能技巧与学习方法,以及与其他内容上下左右的关系。更难的另一方面是要深度研究该学科的教学,在培养学生价值观,科学与人文精神,思想方法和独立思考,探究和发现的意识与能力,以及建立学科与社会、人生关系等方面的多种可能,且落实到对本节课应该实现之目标的具体选择上,这是教师确定教学目标必须深究的重要依据之一。[2]

这需要教师具备相对深厚、广博的学科素养,并在日常的教育教学过程中努力读懂学生,不断学习—实践、反思—重建,自觉更新完善。唯有如此,教师才能称得上学科育人价值的开发者。对具体学情的解读,所涉及的

---

[1] 叶澜.让课堂焕发出生命活力[A]//叶澜.变革中生成:叶澜教育报告集.北京:中国人民大学出版社,2019:11.

[2] 叶澜.课堂教学过程再认识[A]//叶澜.变革中生成:叶澜教育报告集.北京:中国人民大学出版社,2019:48.

方面不只是知识基础和学习态度，也不只是群体的年龄特征，而是还要研究学生群体内的类型和差异，认知特点和兴趣与学习能力，易接受的沟通方式等，更要研究各自的基础、困难和需要的教学帮助与平台。"两个解读"各自清晰又相互交织，具体综合地形成每节课的教学目标。这需要教师率先"焕发出生命活力"，有依据地主动创造。

教学全程设计至少包括两个方面："一是按教学过程的基本逻辑，具体编制本节课的进展阶段与程序，并大致配置每阶段的时间，勾勒出本节课的行进全程路线。"[1]各阶段既相互独立又内在关联，形成结构化弹性过程。"二是根据课堂教学师生活动具有共时性和互动性的特殊关系，为有利于课堂教学资源的产生与集聚，有利于教学在生成过程中实现向目标推进或调整到更为合理的意向，教师要设计出每一阶段师生同时开展，相关却又不同之活动内容、方法与组织方式。"[2]教师还要自觉地把各阶段关键活动的研究思考写入"设计意图"一栏，提升教学行为的理论自觉，并为课后的反思重建提供依据。

围绕育人价值开发，充满互动生成可能的弹性灵活结构化设计，富有整体的综合融通之美。它以两个交相呼应而非单一或罗列的"解读"为制定目标的依据，形成具体明确又有弹性区间、显性可测又隐性渗透、综合而非割裂的教学目标，以三个步骤（有向开放—交互反馈—集聚生成）、三类分析单位（资源生成型、过程生成型和拓展生成型）为内在逻辑，形成育人目标贯穿其中、师生互动生成、相对独立又有机转换的全程各阶段。

结构化的弹性设计，较之设计出精细的提问，预定标准答案，写下教师上课要讲的每一句话，准确计算好一节课不同环节的时间分配等典型传统教学方案的风格来说，似乎线条要粗得多，留下了太多的不确定性、可变换的

---

[1] 叶澜.课堂教学过程再认识[A]//叶澜.变革中生成：叶澜教育报告集.北京：中国人民大学出版社，2019：48.
[2] 同[1]：49.

弹性目标、空间和时间。然而正是这些不确定性和可变因素的引入，使课堂教学有可能更贴近每个学生的实际状态，有可能让学生思绪飞扬、兴趣盎然，有可能使师生积极互动，摩擦出创造的火花，涌现出新的问题和答案。[①]它需要且呈现出"一生多维"之美：为了生命主动健康、更好发展而开发育人价值，教师主动研究，发挥教育创造力，形成既保底又有提升的层级式教学目标；围绕育人目标，设计有向开放、师生互动生成、螺旋推进的全过程（见表3-2）。

表3-2 "新基础教育"课堂教学设计表

学校：	教师：	班级：	
时间：		课题	

一、具体的教学目标
二、教学目标的依据
　1. 教材分析
　该教学内容所处单元的知识结构分析
　该教学内容的教育价值分析
　体现教育价值的教学策略的选择和教材处理情况的说明
　2. 学生分析
　学生个体对于所要学习内容的已有经验与个体差异
　学生个体对于所要学习内容的各种可能与障碍分析
　学生发展的需要和对学生可能达到的发展水平的估计

教学环节	教师活动	学生活动	设计意图
开放式导入	教师提出大问题 思考：如何"放"下去 以怎样的方式呈现资源 如何有效利用这些资源 怎样促进生生、师生互动 如何回应学生各种资源 思考：如何"收"得有层次	学生对问题的可能回应	阐述这么设计的理由，这样的设计体现哪些认识与追求，设计背后的理论支撑是什么，等等

[①] 叶澜.重建课堂教学价值观［A］//叶澜.变革中生成：叶澜教育报告集.北京：中国人民大学出版社，2019：21.

续表

教学环节	教师活动	学生活动	设计意图
核心过程推进	核心问题的生成与展开 思考：问题之间是否有内在联系 问题的思考是否有递进和提升 如何形成生生、师生的互动 如何放收合理、自如、有效	（可能形成的问题域分析） 学生对问题思考的可能状态分析	
开放式延伸	总结提升与内容延伸 思考：如何做概括性的总结 如何提炼学习方法结构 设计延伸性课外作业或活动		

有向开放的"向"即教学育人目标。它来自两大方面的具体综合：教学内容的生命态与结构化重组，以及学生发展需求与可能的研究。

（1）关于教学内容的生命态

具有内在生命态的知识，最能激活、唤起学生学习的内在需要、兴趣、信心，提升其主动探求的欲望及能力。教师在寻找这三方面联系的同时，也拓展了自己的认识领域，并把注意力从研究教学内容转向研究学生的前在状态、潜在状态、生活经验和发展的需要，这是实现由"教书"为本转换到通过教书来"育人"的十分关键的一步。[1]

为了使教学内容呈现"生命态"，教师需要主动将抽象符号化的知识"激活"，实现书本知识与人类生活世界、与学生经验世界和成长需要、与发现和发展知识的人与历史的三方面联系。如常被忽视的识字教学之育人价

---

[1] 叶澜. 重建课堂教学价值观 [A] // 叶澜. 变革中生成：叶澜教育报告集. 北京：中国人民大学出版社，2019：20.

值，教师若能开发出每个字、各类字的创生与构造之理与趣，既放手又引导，适当聚类提升，可发现其中的智慧，让看似简单的汉字符号教学呈现出多重生命的相与、相成之美。

（2）关于教学内容的结构化

我们认为，要让学生掌握学习的主动权，最有效率的是掌握和运用知识结构。结构具有较知识点要强得多的组织和迁移能力。我们期望达到的目标不仅是学生对与结构相关的知识的牢固掌握和熟练运用，直到内化，更为重要的是学生具有发现、形成结构的方法及掌握和灵活使用结构的能力。每个学科都有自己的结构群，不同学科结构群的学习、内化，有助于学生头脑中形成诸多有差异又能相通的结构群和结构思维的方法，这对于学生在陌生复杂的新环境中能用综合的眼光去发现问题、认识问题和解决问题具有基础性作用，是身处复杂多变时代的人生存、发展所需要的一种基础性的学习能力，也是学生的学习能力可自我增生的重要基础。[①]

为此，教师需要主动把学科知识按其内在逻辑，形成从简单到复杂的"结构链"，按照"长程两段"的方式来组织教学，即"教学结构"和掌握结构规律后的"运用结构"两个阶段。

（3）关于学生发展需求与可能的学情研究

为了确定教学目标，教师还必须了解、持续不断地深入研究学生的过去、现状与可能发展的未来，所涉及的方面远不止知识基础和学习态度，至少还要关注学生群体内的程度差异，相关年龄段的认知特点和具有倾向性的兴趣与学习能力，易接受的沟通方式，更要从群体的共性中发现教学

---

① 叶澜.重建课堂教学价值观［A］//叶澜.变革中生成：叶澜教育报告集.北京：中国人民大学出版社，2019：19.

的有利因素和普遍困难，从差异中设定教学目标的底线和相对高标。①

为此，教师需要更新学生观，认识到学生是"教学资源"的重要构成者和生成者。学生们带着各自的原始性、基础性资源进入课堂；他们在课中的参与和表达构成了教学过程的互动性、生成性资源；对学生资源的敏感、捕捉、即时回应和课后研究，则成为研究性变革实践的方案性、研究性资源。有了学生是宝贵"活资源"意识的教师，才会在课前、课中、课后，关注、倾听、发现，努力读懂学生，而不是只把心思放在教材、教参和教案上，也只有有了学生"活资源"意识和利用这种"活资源"的能力的教师，才能由衷珍爱每个学生的成长发展，努力与全体学生共同创造课堂教学新生活，在实现育"时代新人"理想目标的同时，享受职业内在的尊严与欢乐。

2. 创造性转化的过程生成之美

真实的有向开放，需要设计出指向育人目标的开放性大问题。它面向全体学生，吸引众人参与，能让不同学生从多个维度做出理解，进行真实丰富的思考、表达和交流，"焕发"出多维且富有基础性和互动性的学习资源。进而，在具体丰富的互动对话中，形成推进教学过程、发挥多维育人价值的生成性资源。教学过程中的"有向开放"，是课堂生活具有"一生多维"之美的前提条件。

以看似简单的小学一年级上学期的语文课文《下雨啦》为例，它具有文学层面上的朗读儿歌、想象画面、练习说话以及文字层面上的认读、写字等育人价值。同时，一年级课堂教学具有培养听说读写习惯、自主合作意识与能力等价值。结合一年级学生喜欢游戏、儿歌，思维具象、生动，想象力丰富等年龄特点，基于本班具体学情，教师在单元视野下，设计了

---

① 叶澜.课堂教学过程再认识［A］//叶澜.变革中生成：叶澜教育报告集.北京：中国人民大学出版社，2019：48.

第一课时的三个目标五个环节。①

三个目标：

（1）能在语言环境中正确拼读"lā dī dā bā fā"等音节，正确认读生字"下、雨、桃、花"。认识笔画"竖弯钩"，了解"雨、花"的笔顺，会描写"花"，巩固正确的写字姿势。

（2）能正确朗读儿歌，做到字字过目，能读好轻声和象声词。

（3）模仿儿歌学说一两句话，进一步体会下雨带来的快乐感受。

五个环节：

（1）激趣导入，学习"下、雨"。

（2）初读儿歌，整体感知。

（3）读好儿歌，学习"桃、花"。

（4）续编儿歌，体会"下雨"带来的快乐。

（5）布置作业，拓展延伸。

在课前常规积累时，学生自己组织"做动作背儿歌"的热身活动。之后教师播放演示文稿，进入激趣导入环节。先请大家"猜猜这是什么字"，在学生猜出木、水、云的甲骨金文字形后，教师简单出示其自古至今演变过程中的三四个典型字形。在学生积极参与猜字游戏的基础上，教师顺势点拨提升："我们古时候的人很聪明，他们仿照事物形象，创造了许多文字，这样的字叫作……"学生在教师启发下，结合具象唤醒旧知，能答出"象形字"。

教学片段②：学习"雨"字，导入课题

---

① 上海市闵行区七宝明强小学俞亚勤老师于2014年10月14日在"生命·实践"教育学合作校回访时的一（13）班《下雨啦》第一课时教学设计。

② 俞亚勤老师2014年10月14日在上海市闵行区七宝明强小学一（13）班所开语文课《下雨啦》的教学实录片段。以下同课片段不再一一注释。

教师（顺势推进）：让我们再来猜一个象形字（演示文稿出示"雨"）——

学生（个别）：雨……

教师：小朋友一下子就看出来了，你是怎么猜出来的？

学生1：它的下面有很多小雨滴。

教师：对，它就是"雨"。这个字真神奇！天空乌云密布，上面一横表示天空。雨越下越大，连成一条线，一滴两滴三滴，"雨"滴落下来了（同时用演示文稿出示"雨"字的演变过程）……这个字有趣吧？

请大家伸出小手，和老师一起写一写"雨"字。

（学生全体伸手，观察，食指在空中跟写）

教师（一边在黑板上写字，一边说）："雨"，第一笔"横"，左低右高；第二笔"竖"，微微向右些；第三笔"竖弯钩"，写得宽大一些，"钩"向中心写；第四笔"竖"，在竖中线；左边两点，低一些；右边两点，高一些——

（学生自发鼓掌）

教师：这个字就是——（学生自动加入，一起说）"雨"。

谢谢大家的掌声。夸我写的"雨"字好，真高兴！

大家在生活中见过怎样的雨？

学生2：生活中，我见过大雨，也见过小雨。

教师：哦，大雨、小雨都见过。旁边的小朋友帮助摁一下话筒好吧？不要忘记哦。

学生3：我见过雷阵雨（同桌小朋友主动帮助摁话筒）。

学生4：我见过太阳雨。

教师：哦，太阳雨也见过。太阳雨是什么样的？

学生4：出太阳的时候，下小雨。

教师：这样的雨很少见。我也见过太阳雨。

学生5：我见过酸雨。

教师：哦，这是大气污染造成的。

学生6：我见过倾盆大雨。

教师：大家见过的雨可真不少！今天，我们学的儿歌就跟"雨"有关。来，请大家看老师写课题——

由此，进入本节课的课题"下雨啦"，继续推进教学。

"在生活中见过怎样的雨"是个大开放问题，它将文本与生活相关联，间接抽象的符号化文本因直接鲜活的生命体验而变得生动有情、意义丰富。学生的生活观察与表达各不相同，涉及雨量等级、降雨成因、降雨方式、雨的表现形态和成分pH值等多个维度，这是低年级小朋友宝贵的个性化基础资源，它不仅对语文文本的激活有意义，而且成为可以相互激发、学习的生成性资源，还会对自然科学类课程或四季综合活动的开展有启发。学校各类教育教学活动的终极目标是"指向每个学生健康、多方面的主动发展，培养出时代需要的新人"[①]。在具体综合的课堂教学过程中，开放、涌现、珍惜、研究学生真实的多维资源，才能涓涓滋润，实现多方面育人的理想目标。

育人目标从教学设计进入丰富复杂的现实过程，课堂教学之美，也在"一生多维"的基础上走向"涌动相生"。

二、涌动相生

叶澜在20世纪90年代即提出教学改革的实践目标是探索创造"充满生命活力"、实现"育人价值"的课堂，在这样的课堂上，教师的劳动充满创造的光辉与人性的魅力，学生主动参与、获得多方面成长和发展，师生全身

[①] 叶澜.课堂教学过程再认识［A］//叶澜.变革中生成：叶澜教育报告集.北京：中国人民大学出版社，2019：37.

心投入，不只是在教和学，而且在感受课堂生活中生命的涌动和成长。"生命的涌动和成长"是叶澜课堂教学研究一以贯之的主旋律。叶澜和研究生曾在一段时间的读书活动中一直谈涌动，"为什么一直谈涌动？因为生命的血液在涌动，如同河流，生命的活力以涌动的波态来表达"①。"生命的涌动和成长"规定和呈现在教学设计中，更内在规定和具体体现在教学推进过程中，让本真的课堂呈现出合目的（合生命成长之理想）与合规律（合教学转化之道理）的动态综合之美：涌动相生。

（一）具体个人的多维涌动

叶澜强调：教学活动是师生在课堂上的共同生活（以下简称"课堂生活"），它是人类总体生命实践中的一种特殊实践，是师生为实现生命发展共同创造的特殊生活。师生的学校生活大部分是在一节节课中度过的，共同承担着合作完成教学任务的责任：实现人类社会群体世代积累而成的共有精神文化世界和学生个体精神世界的相互沟通与转换。在教学互动过程中，学生努力学会从不同方面丰富自己的经验世界，努力学会个人世界与共有"精神文化世界"的沟通和创造性转换，逐渐实现个人精神世界对共有精神财富富有个性化和创生性的占有；人类创造的文化、科学发挥出对学生"主动、健康发展"的教育价值②。师生在课堂教学生活中创造、收获，既感受成功，也经历失败，习得知识、增长才干，慢慢积淀形成难忘的"同学缘"和"师生情"，增强坚持的意志和成长的力量，"不只是学科有育人价值，课堂教学本身同样内含着育人价值，教师需要提升与学生一起创造丰富而有意义的课堂生活的自觉。……课堂教学过程中师生

---

① 叶澜于2019年12月18日在常州的报告《双重转型、交互创生的研究：学术生命、自我成长的实现（我的1994—2019）》（摘录）。
② 叶澜.重建课堂教学过程观［A］//叶澜.变革中生成：叶澜教育报告集.北京：中国人民大学出版社，2019：27.

多元、多向、多层、多种方式的互动贯穿并组成全程，它也是推进教学行程的动力"①。为此，教师要全身心投入，真诚、敏感、创造性地给予学生发自内心的专业关注、支持和帮助。

> 教师只要思想上真正顾及了学生的多方面成长，顾及了生命活动的多面性和师生共同活动中多种组合和发展方式的可能性，就能发现课堂教学具有生成性的特征。因为课堂上可能发生的一切，不是都能在备课时预测的。教学过程的真实推进及最终结果，更多由课的具体行进状态以及教师当时处理问题的方式决定。……每一次都是唯一的、不可重复的、丰富而具体的综合。教师的创造才能、导引作用，正是在处理这些活的情境中得到发挥，这些活的情境向教师的智慧与能力提出了一系列挑战……②

看似微观的课堂教学，却能因师生生命活力的焕发、教学内容中的人类生命实践被激活，而成为一个过去、现在、未来多重生命交互涌动，因涌动而相长的生生不息的浩瀚海洋。作为教学活动的责任人，教师在教学过程中，不仅要关注教学预设的意外，将其转化为推进教学的资源，还要全程保持对各种信息资源的敏感，善于倾听、捕捉、判断并及时进行反馈，使学生因积极参与而涌现的丰富资源进入师生、生生多维共在的互动生成，而不是被忽视甚至被抑制。为此，"教师不仅要在教学设计前研究学生，更要学会在课堂上读懂学生，乃至在一切与学生共处的过程中，在学生的作业和行为表现中读懂学生"③。包括在课后反思中继续读懂学生，读懂具有主动性、潜在性和发展差异性的"具体个人"，提高自己作为教育者的专业水平和智慧魅力。

---

①③ 叶澜.课堂教学过程再认识[A]//叶澜.变革中生成：叶澜教育报告集.北京：中国人民大学出版社，2019：50.

② 叶澜.让课堂焕发出生命活力[A]//叶澜.变革中生成：叶澜教育报告集.北京：中国人民大学出版社，2019：11.

仍以《下雨啦》为例。在教学的第二个环节，设计时的定位是"初读儿歌、整体感知"，通过放、听录音，培养学生的倾听能力，养成字字过目、姿势正确的好习惯。其中有一个开放式的教学片段，涌现出多种资源。

教学片段："你听到了什么？"

教师（播放录音后）：很多人听得很仔细，样子也特别好看！请说说你听到了什么？

学生1：我听到"滴答""滴答，滴答"。

教师（面向全班）：她听到了雨的声音，听得很仔细！

学生2：我听到了柳树说："下吧，下吧，我要发芽。"

教师（面向全体）：听得真仔细！一个字也没有漏，她听到了柳树说的话。

学生3：我听到了桃树说："下吧，下吧，我要开花。"

教师：哦，桃树也说话了。还听到了什么？

学生4：我听到了柳树和桃树都很喜欢下雨。

教师：啊？儿歌里没有讲，你怎么知道柳树和桃树都很喜欢下雨？

学生4：因为他们说"下吧，下吧"，这代表他们喜欢雨滴。

教师：哦，原来是这么回事！（面向全体）某某某不仅听到了内容，还听出了"他们"都很喜欢，厉害吧？！来，让我们夸夸某某某。

（全班向学生4竖起大拇指）：某某某！你真棒！

教师（与学生们一起竖起大拇指）：听得真仔细！

"你听到了什么？"是个有向开放的大问题。每个人听到的不一样，四个学生的表达各不相同，涌现出四种具体资源：听到半句、听到一句、听到另一句、听到语句内涵的情感。这些差异资源可分为两大类：听到文字内容（内容有多少之分）、听出话外情意（这是由表及里的倾听，含推理或直觉)。第一类是基础,第二类在此基础上有所深入,有所提升。

教师在课后说课时,对学生在此环节涌现的资源,进行了深入到儿童研究层面的反思重建。她说:"今天的教学目标基本达成,稍稍超出预定目标的是'你听到了什么'这个环节,孩子们以往比较多的是把儿歌内容重复说一遍,今天有一个孩子很好,他说听到了柳树和桃树都很喜欢下雨,这个资源我当时抓住了。原来,这个方面需要教师帮助提升,现在孩子自己能够学会分析、提升了,我觉得这是很高层次的思维,所以我大大表扬了他。这启发我:孩子潜力无限,以后在培养孩子倾听能力的同时,可以给他们渗透对儿歌内容的提炼(这在教学设计的第三、第四环节才出现)。"[1]具体学生的差异性生成资源,不仅在学生们之间涌动相长、相互滋养,而且能反馈、滋养教师的研究智慧与实践发展。叶澜在评课伊始,特别提出:俞老师对低年级学生有独特的生命感受力,善于与学生整体式地融为一体,很多教学内容、育人目标融通地"化"在看似简单其实非常艺术的有机的课堂推进中。[2]对学生的独特"生命感受力"来自课前设计时用心贴住具体学生,进行多维分析,更来自日常每一节课(含课前、课中和课后)对学生资源的敏感捕捉与贴切研究,日积月累练就"读懂"之功、转化之功。

在后续的教学互动环节,教师还设计了"这是哪个季节的雨"这个文中未点明但可以从中读出的言外之意,并通过追问"你是怎么知道的",让学生依托文本又超出文本,理性地推理而非随口说说,这渗透式地培养了阅读能力和高阶思维品质。语文学科的文字、文学、文化之美与学生个体的生活、读书、思维之美,通过师生之间的交往互动、教学式转化提升,呈现出课堂生活独特的多边资源互动相长的生生之美。

---

[1] 摘录自俞亚勤老师在2014年10月14日的课后评课内部资料。
[2] 摘录自叶澜教授在2014年10月14日的课后评课内部资料。

（二）教学共生体互动生成

针对教与学谁先谁后、师与生谁为中心等问题，叶澜强调："教学"是一个不可分割的整体，并非教与学两件事的组合，教学过程中的师生活动关系具有内在不可分割性、相互规定性和交互生成性[①]；教学活动是师生共同在场、转化创生的课堂生活；"只有不仅是互动而且有'理解'的课堂，才有可能影响参与者的初始观念、拓宽视野、促成变化，才会有一个不断生成的教学过程"[②]。具体个人的资源涌动及其互动相长之美，首先体现在开放式导入时，集中呈现在核心过程推进中，也丰富体现在开放式拓展时，它贯通教学全程，发挥多方面育人价值。

仍以《下雨啦》一课为例。

在开放式导入环节（详见前面实录），教师围绕教学目标，设计了"猜猜是什么字""怎么猜出的""生活中见过怎样的雨"等有向开放问题，学生涌现出丰富的差异资源，教师与学生进行了群体、个体多种类型的若干次交互生成。学生既有观察、想象、猜测，也有学习、表达、交流，还有"摁话筒"这样细微但日常的合作互助。教学伊始，短短四五分钟，既有基于唤醒旧知的新知学习，也有看图猜字的开放式教学游戏，还有对抽象笔画笔顺的规范化学习，以及文字符号在生活情境中的意义体验等。学习"雨"字时，把认读字音、欣赏字形（包括造字之初的神奇有趣、今日规范书写的运笔妙诀）和体会字意（包括象形字的抽象直观意义、自己生活观察体验的具体直观意义）有机融化在一起，呈现出汉字音形义具体又抽象综合的表意之美。学生不只是学会认读，而且在有向开放、多维资源的教学互动中，使抽象文字符号的教学与先人的神奇创造、自己的生活体验相融合，感受汉字创造演变的"神"和"妙"，体会汉字书写时左右呼应、高低顾盼的结构美。教师在教学设计的"设计意图"一栏，明确表达了此环节的多维渗透式育人价值：游

[①②] 叶澜.课堂教学过程再认识［A］//叶澜.变革中生成：叶澜教育报告集.北京：中国人民大学出版社，2019：44，50.

戏引入，联系学生生活世界，激发学生的学习兴趣，让学生了解象形字的构字规律，感受汉字的魅力。教师以书法之美为底蕴的板书示范，吸引学生情不自禁地为之鼓掌。

在后面学习"桃"字的时候，教师有意识地将"桃"字的"木"字旁与本节课出现的"树""柳"相关联，渗透养成学生偏旁表意、归类识字的意识和能力；还将"桃"字里的"兆"字部分做了形象解释："撇（丿）"解为一条桃枝，"点"和"提"解为两朵桃花，且以红笔书写、突显花色；将"竖弯钩（乚）"解为又一条桃枝，"撇"和"点"解为又两朵桃花，亦以红笔书写、突显花色。教师写好后回头与全体学生互动："桃"这个汉字美不美？学生微笑着说"美"，而且再次自发鼓掌——学生在课堂上两次为汉字的创意与书写之"美"自发鼓掌，这掌声给教师，是底蕴、生成之美；给中国文字，是文化、创造之美；也给自己的课堂生活，是内心的欢喜、互动成长之美。

在核心推进的"初读儿歌、整体感知"环节，教师在提出"你听到了什么"这个开放性问题的前后（片段实录详如前），及时评价反馈，不断强化培养刚入学一个多月的一年级小学生们认真倾听、摆正坐姿的好习惯，"听得很仔细，样子也特别好看""真仔细""厉害……夸夸"；在与学生个体的互动交流中，通过点评、提升、追问，将个别学生认真倾听、一字不漏、体会言外之意等"活资源"，及时转化为全班的教学资源，师生之间、生生之间不断交互、涌动向前。尤其是通过追问：儿歌里没有讲，你是怎么知道的？不仅清晰了个别学生的倾听与思考，而且对全班进行了日常渗透性的启发和引导：不仅要认真倾听儿歌里的内容，还要用心倾听、体会儿歌里没有直接表达、但是蕴含其中的情感。能认真听，是好的；能用心听，听出有道理的言外之意，不仅好，而且"厉害""真棒"，会得到老师和同学们的夸奖。这是渗透在日常课堂教学评价中的教育引导，日积月累会逐渐化为学生自觉的学习目标、行为习惯、自我教育的意识和能力，这是日常平凡的一节节课之不平凡、"厉害""真棒"的"育人"之美与力。

在核心推进中的读好儿歌、学习"桃""花"环节，教师还设计了一个交流"记字好办法"的片段。

教学片段：你有什么好办法记住"花"

（学生读儿歌）

教师：真棒！啊呀，你们读得真棒！我为你们竖竖大拇指。

坐正！儿歌当中藏了一个生字。

学生（大部分）：花。

教师：跟我读：花。（全班学生跟读）

请大家仔细看，你们有没有什么好办法记住"花"？

这么多同学举手！仔细听别人的好方法。

学生1：我有好方法——

教师：直接说。

学生1：我用"加一加"的方法记住"花"：一个"草字头"，加一个"化"，就是"花"。

教师：说得好。

学生2：我给大家猜个字谜：草化掉了（手上扬的动作）——

教师（向全体）：猜出来了吗？

学生（全班）：花——

教师（笑）：猜字谜，厉害的。草化掉了（也做扬手状），厉害的！（全班笑）

学生3：我用找朋友的方法记住"花"：花朵。

教师：太棒了！那我们就给"花"找找朋友吧！依次开花，我们开一朵大花！

学生4：花……菊花。

教师（笑）：菊花，终于开出来了！（学生笑）

学生5：花园。

教师：说对的，大家一起说一遍。

学生（全班）：花园。

学生6：花种。

学生（全班）：花种。

教师：换一下，"种花"，好不好？花的种子，我们说"花籽"。

学生（全体）：花籽。

教师：仔细听。

学生7：花草。

教师：花草，可以吗？可以的。

学生8：花瓣。

教师：大家一起说。

学生（全体）：花瓣。

学生9：鲜花。

教师：好，向他学。还有谁？

学生10：采花。

教师：好的。我们给"花"组了这么多词，开出了一朵大花！

在此短短2分钟的教学片段中，互动方式既有师生互动，又有生生互动，师生互动既有师生个体之间，也有教师和个体与全班学生的互动转换以及由之带来的生生互动。

"你有什么好办法记住'花'"，这要求每个人自己主动学习；"仔细听别人的好方法"，这要求彼此互听互学。给"花"找"朋友"，"我们"依次组词，开出"我们"班的"大花"，这"大花"是大家共同开出的，饱含着"教学共生体"知情意涌动相长的美：组词接龙，词语积累，是增长知识；认真听、辨对错、不盲从，这是倾听能力、独立意识与思维能力的培养；他出谜大家猜，听别人、向他学，一起说、从"我"到"我们"，差异共生的"具体个人"之间资源激荡，推动课堂生活如海浪一般涌动前行。

当然，因为是一年级上学期的课堂教学，所以在互动中，师生互动的频次和种类比生生互动的更为丰富，生生互动还有个养成过程。此处，教师与每一个发言的学生进行差异化互动，并将师生个体间的互动适时转换为全班互动，发挥日常即时评价对个体与群体的强化和引导价值。教师的回应方式有赞扬（真棒、好、厉害、太棒了），有鼓励（终于开出来了、可以的），也有要求和引导（直接说、一起说、仔细听、向他学），有从个体到群体的转问（猜出来了吗、花草可以吗），还有改进建议并与学生沟通商量（换一下好不好）。基于对学生学习状态的细腻关注，教师做出温馨又专业的教育引导，师生自然而然地互动生成，课堂生活发挥出整体育人价值，潜移默化地涵养着每个参与者合作交往的情感、意识与能力。日常每一节课、每一个环节都能在多元互动中创造性地实现知情意能、主动合作等综合育人价值，日积月累，学生的学习习惯、交往习惯、共同生活的习惯等，因温馨又明智的教育引导而健康发展，乐学习、善交往、会共同生活。

以多元、多维的互动方式，实现多维、综合的育人价值，看似简单的教学内容因教师的创造性开发与实施，焕发出如许灿烂的文化之美、生命成长之美、生命间的相长之美，它不张扬，无表演，没有花样，并不热闹，如此平凡、朴素，却又如此深沉、悠远。

还是这节小学语文课，当课堂教学逐渐进入尾声时，在全班复习巩固了词语、笔画和音节认读，以及儿歌再阅读的基础上，离下课还有4分钟左右的时间，教学过程自然推进到拓展延伸环节："续编儿歌"，进一步体会下雨带来的快乐。

  教学片段：自主合作创编儿歌
  教师：有一句话是这样说的，"春雨贵如油"，说春雨呀非常贵重！还有谁也盼望春雨？

学生（纷纷）：草、花（迎春花）、小苗、青蛙、羊、人——

教师：人——小朋友……大家都盼望着下雨呢！

谁能用儿歌的样子（出示演示文稿）说说看："_____说：下吧，下吧，_____。"

谁第一个开口？

学生1：小苗说：下吧，下吧，我要长大。

教师：好的。接下来就是我们一（13）班创作的儿歌。你是第一个！记住啊！

学生2：小草说：下吧，下吧，我要发芽。

教师：这是第二句，真厉害！第三句？

学生3：小朋友们说：下吧，下吧，我要种植物。

教师：种植物？种树。

好，讲到小朋友了。

学生4：小朋友说：我要种花。

教师：重新说完整，"小朋友们说：——"

学生4（改进）：小朋友们说：下吧，下吧，我要种花。

教师：好的，他种树，你种花。第五句？

学生5：青蛙说：下吧，下吧，我要洗澡。（学生们笑）

教师（笑）：哦呦，我看这水不是洗澡，可以游泳了！（学生笑）

接下来我们合作，欣赏一下我们一（13）班小朋友们创编的儿歌，准备好了吗？我来读题目（《下雨啦》），小朋友们一起读第一句（滴答，滴答），刚才几位请起立，接好你们的儿歌。准备，我们合作好，开始——

请欣赏一（13）班小朋友们的创作：《下雨啦》。

一起来读——

学生（全班）：滴答，滴答，下雨啦，下雨啦！

学生1：小苗说："下吧，下吧，我要长大。"

学生2：小草说："下吧，下吧，我要发芽。"

学生3：小朋友们说："下吧，下吧，我要种树。"

教师：给你改一下，"我们"要种树，因为"小朋友们"人很多。

学生4：小朋友们说："下吧，下吧，我……我们要种花。"

教师：好！

学生5：青蛙说："下吧，下吧，我要游泳。"（全班笑）

教师（笑）：这个儿歌还没有编完。今天回家后，我们继续创编，好吗？看谁说得多、说得好！明天，老师把小朋友们的创作打印出来，给大家欣赏好吧？这是我们班的第一份作品！

此互动片段仅三四分钟，教学目标基本完成，课已近结束，但真实的师生互动依然涌现多种资源，既有运用核心句式的自主想象创作，又有基于个体的全班共同创作，师生之间、生生之间自然又高频地互动生成，教学本身不断向前推进，每个学生在其中学习、运用、创造、合作。一次次涌动的小高潮，滋润着身在其中的每个人，形成独特的课堂生活韵律和多重生命互动的相长之美。

具体而言，该片段中涌现的学生资源至少有三类。

一是来自多个学生的多次错误资源："们"字的无意识丢失，从一开始全班学生纷纷表达的"人"而非"人们"，到学生3、学生4说的"小朋友们……我要……"。这个资源，教师在后面的全班创作时，给予了明确反馈：改一下，"我们"要种树，因为小朋友们人很多。于是，后面接龙的学生有意识地对自己原来的创作进行了修改："我……我们"，从"我"到"我们"，看似简单的一字之变，看似磕磕绊绊不流畅的表达，却真实体现出学生在教师引导下的主动、努力，具有一种独特的儿童成长之美。

二是多次、来自多个学生的抽象而非具体概念的表达，从一开始的

"草""花""人",到种"植物"、种"树"、种"花",都是相对抽象的类概念,而不是课文里"柳树""桃树"这样具体的属概念,这表明学生的课外阅读和词语积累是丰富的,但他们对大自然的丰富、具体观察和生活感受尚待加强。在城市里,经常会遇到分不清梅花、杏花、桃花,甚至不分樱花、梨花、海棠花的成年人。对身边的花草树木习焉不察、视而不辨,是现代城市生活对自然淡漠带来的常见现象。对大自然、对身边事物的情感和认知需要从小教育培养,开发其审美感知、人文博爱、科学探究和艺术创作等综合素养。

三是个别学生的意外资源,如学生5创编的青蛙"洗澡"。意外资源需要教师的敏感捕捉、专业判断和教育互动,此处,教师捕捉到了资源,并给予互动。当然,如何互动更有育人价值尚可推敲。在盼望下雨、遇雨开心的情境中,青蛙"洗澡"其实是儿童真实、生动形象的表达,相比之下,青蛙游泳则略显平常。不同的表达呈现儿童与成人的差异,如何更好互动尚可继续反思重建。

真实、日常的有向开放,会带来具体个人的多维资源涌动,进而带来师生生活其中、共同创生的"教学"互动相长,滋养身在其中的每一个人,包括参加"听说评课"现场研讨的教师与合作研究者。真实涌现的学生资源,是教师(包括合作研究者)研究学生的最日常、大量、真实的活资源。如,"们"字的丢失,这是学生发展状态的真实反映。词语的背后是意识,是思维,是生活。该班学生人多生于2007—2008年(2014年入小学),他们大多数是独生子女。年龄特点和家庭结构使他们相对缺乏他人意识,在交往、合作的意识和能力方面尚待提升。教师有意识地培养学生合作学习的意识和能力,但不是以理性命令的方式,而是以在合作中学会合作、在互动生成中学会共同生活的方式,渗透养成互助、合作的习惯。当然,这不是一节课能完成的,而是需要每一节课有意识地渗透、积淀,持续养成。这离不开教师清醒耐心而又温馨细腻的日常引导。研究开发每一节、每一类课的综合育人价值,日积月累才能发挥出独特巨大的教育力量。这是教育的日常伟力,也是课堂教学的螺旋化成之美。

三、螺旋化成

课堂教学的螺旋化成之美,既体现在每一节课各个环节的有机推进过程中,也体现在对全体学生有意义、有生成的一节节真实的常态课①之日积月累、量变质变中,体现在师生生命的成长发展和课堂教学新生活的创建中。

叶澜强调:课堂教学是为了生命主动健康发展,通过多重生命间的互动生成,将人类社会共有的精神文化世界与学生个体精神世界进行沟通、转化,师生共同创生的独特生活。一个教师尽管教同一门课,面对同一批学生,但其在每节课上所处的具体情况和经历的过程并不相同,每一次都是唯一的、不可重复的、丰富而具体的综合。教师的创造才能、导引作用,正是在处理这些活情境中得到发挥,②学生的生命活力、主动健康成长,也在这些活的具体情境中实现,每一堂具体综合的课都不能重来。这背后是对教育研究中"具体个人"生命实践的理论清思。"个体生命是以整体的方式存活在环境中,并在与环境一日不可中断的相互作用和相互构成中生存与发展;具体个人的生命价值只有在各种生命经历中,通过主观努力、奋斗、反思、学习和不断超越自我,才能创建和实现"③。课堂教学是师生在学校日常、大量的生命经历,在某种意义上决定了师生的在校生存方式和生命质感。对每一个具体生命的主动成长和每一次生命间的教学相长之敬畏、珍

---

① "新基础教育"看重常态课、家常课的日常研究性变革实践,把合作研究的现场课称为"研讨课",而非"公开课",反对借班上课。叶澜于2003年4月18日在上海市首届"黄浦教育论坛"上的报告中,提出了一堂好课的"五实"基本要求:"扎实",有意义,学生进出课堂有变化;"充实",有效率,全体学生都有发展;"丰实",有生成,师生互动生成;"平实",常态化,日常研究创生;"真实",有待完善。
② 叶澜. 让课堂焕发出生命活力 [A] // 叶澜. 变革中生成:叶澜教育报告集. 北京:中国人民大学出版社,2019:11.
③ 叶澜. 教育创新呼唤"具体个人"意识 [A] // 叶澜. 俯仰间会悟:叶澜随笔读思录. 北京:中国人民大学出版社,2019:117.

视，构成了叶澜课堂教学研究与实践之美的底色，它呈现在每一节课的研究、创造、螺旋化成之中，也呈现在每一阶段课堂教学研究性变革实践积淀形成的螺旋化成之中。

（一）具体推进中螺旋化成

叶澜强调：课堂教学不可取代的特殊任务是逐渐实现人类社会"共有精神财富"向学生"个体精神世界"的具体沟通与转化，充分发挥人类创造的文化科学对学生主动健康发展的教育价值，为此，教师率先在课前对教学内容进行育人价值的创造性开发与转化，师生在过程中以主体间互动生成的方式推进每一次课堂教学，创造性地落实育人目标。回归"教学"特殊性的课堂教学研究与实践，在基本理论的深度清思与日常实践的研究变革交互生成的意义上，发现和呈现着课堂教学"育人"的螺旋化成之美。

> 将"教学"视作一个基本分析单位，是认识教学的方法论，从"分析"走向"综合"、从"元素"走向"关系"的第一步，是走出传统的以"教"概"学"和反传统的以"学"概"教"的两种结论相反、思维方式相同的误区的关键性一步。①

更新思维方式，以综合关联的"教学"整体为分析单位，视教学过程为师生之间围绕育人目标、相互规定又螺旋转化的动态生成过程，这呈现出中国美的价值内涵与思维特质。

在现实层面上，每一次真实投入的教学转化都会产生具体的螺旋化成之效，一次次的效应累积则产生出长程意义上的螺旋化成。

---

① 叶澜."新基础教育"论——关于当代中国学校变革的探究与认识[M].北京：教育科学出版社，2006：268-269.

以师生交互作用、动态生成为过程特质的"新基础教育"追求的课堂教学过程，既区别于严格按缺乏弹性的预设教学方案实施于课堂的传统教学过程，又不同于完全围绕学生自发兴趣或需求而开展的、无须预设的所谓反传统的教学过程。它是教师有方向、有目标，在开放、弹性化教学设计基础上，根据课堂上师生交互作用呈现出的多种状态与具体情境，通过不断重组、生成、推进的课堂教学过程，是具有丰富意义、智慧灵动与生命活力的课堂教学过程。①

"新基础教育"学科教学设计，有一个螺旋推进的结构美。每节课的具体设计，并非单单作为一节课来研究，而是作为一类课来研究。因此，在教材内容的育人价值开发上，"新基础教育"强调：结合本学科独特价值和本学年基础素养，解读此一类课在各年级的分布与在本年级的独特所在，以及本单元在本学期的分布与独特所在，层层聚焦到本课在本年级、本学期、本单元，基于学生发展的基础、困难和可能，对于学生成长的具体综合价值，必要的放手、激发和点拨、引导，以之作为目标与过程设计的依据。这呈现出厚实的学科素养、灵动的教学素养、深沉的人文修养和敏感的学生立场等多维复合的教师创造之美，呈现出学生发展可能与现实转化的生命成长之美，也呈现出师生互动推进的生命间螺旋相成之美。

其中，"育人价值"的充分开发一以贯之，教师（与合作者）在课前贴着学情和文本，具体解读，主动创造，做出弹性灵活的结构化设计。课中，从容放手，更多精力关注学生，而不是教案的实施。这需要教师明确学生立场，提升教育机智，在有向开放的资源涌动、互动中，敏感倾听、捕捉判断、重组转化，让具体个体与教学共生体焕发出唯有师生共在才能有效激发和焕发的多重生命活力、交互创造力与个性化成长力，课堂教学本身也才能

---

① 叶澜."新基础教育"论——关于当代中国学校变革的探究与认识［M］.北京：教育科学出版社，2006：270-271.

呈现多元焕发、涌动相成、螺旋提升的多重生命成长之美。为此，叶澜在20世纪90年代即提出：教学的重要任务不仅是教学知识能力，还要教学知识结构以及学习相关知识的方法过程结构。"结构"较知识更具概括力和迁移性，潜移默化地培养思维品质。学生掌握了"结构"，能在课内外主动、自觉且相对有效地在新情境中学习新知识、解决新问题，培养自我教育的意识和能力。为此，叶澜与研究团队创造、提炼出了"长程两段式"教学设计。

> 为了保证"教结构"和"用结构"的教学任务的完成，在课堂教学的设计上，试验探索出了除每节课设计以外的"两段式教学长程设计"。一个教学长程不是教材中单元的概念，而是以一种类型知识的结构及所需要培养的某种学习方法、能力为单位。……第一阶段是"教学结构"的阶段，放在学习这部分内容的起始期间，以具有结构典型性的教材为载体，结合内容让学生认识、掌握知识结构和学习方法结构。这阶段的教学进度比大纲规定要慢一些，当1/2—2/3学生都已清晰认识和基本学会时，教学就进入到过程的第二阶段——让学生根据学到的知识结构和方法结构，共同自主地在课堂上学习类似的新知识。此时，学习内容的数量增多，速度加快，学生主动活动的性质和量都发生变化。其结果不但在进度上提前完成了相应教学内容，使学生熟练掌握了知识结构和方法结构，而且令他们产生一种自己能独立学会某种知识的自豪感。学到的学习方法还常常在课外学习中运用。[①]

"长程两段式"教学设计呈现出螺旋相成的化成之美。教学结构与运用结构的慢、快节奏之转换，呈现出指向生命成长、符合教与学转化规律的节

---

① 叶澜. "新基础教育"探索性研究总报告［A］//叶澜. 变革中生成：叶澜教育报告集. 北京：中国人民大学出版社，2019：147-148.

律之美。它具体体现在每一节课的涌动转化中，也体现在每一类知识能力与德行养成的阶段积淀中，还呈现在不同年级学生学科素养、能级的综合提升中。它通过一节节课、一次次教学具体丰富的互动生成来实现。每一节课、每一次教学都应该且能够焕发出多重生命具体综合的成长之美、生命间涌动相长的转化之美。

学科教学丰富独特的育人价值，只有通过一次次具体教学过程的创造性开发、转化，才能实现个人在综合情境中的一次次真实成长。如前所举语文教学案例，在设计时，教师根据具体文本与学情，将语文素养（含音节拼读、生字读写、句式仿说、儿歌朗读等知情意能具体综合的多个维度）与习惯培养（包括自己的学习习惯，如读书、写字的姿势，主动猜测、想象、创编等，以及相互的合作交往习惯等多个方面）有机结合，预设了三个层级、具体明晰又综合渗透的教学目标，将其非割裂式而是自然融化在过程教学推进的各环节与步骤中。如，"下""雨""桃""花"四个生字，分散在开放式导入时的课题之前（"雨"）与课题之中（"下"），以及过程推进时的文本倾听与朗读之中（"桃""花"）。学字时，教师首先以大问题"有什么好办法"识字、记字，唤醒全体学生的已有经验，激发其主动意识和能力，然后，在全体学生自主学习的基础上，全班交流"好办法"，培养相互倾听、合作学习的能力和习惯。后来，随机运用"好办法"全班接龙，开出巩固学习又主动创造的班级"大花朵"，激励学生打开思路、丰富词汇、综合运用，还将语文教学与班级建设结合起来，渗透培养合作交往、互学共生、共同生活的个体习惯和班级风气。看似简单的识字教学，发挥出多重育人价值。识字时，先在语境中了解音与意，然后观察字形特点，既可形象记忆（如"雨"里的天空、雨滴），又可归类思考（如"柳""桃"与"树"里的"木"字旁，偏旁表意），还可简单地写一写（如"下"）、有趣地猜一猜（如"花"）。灵活结构化的学习方法，焕发出个性化主动的生命活力，并适度全班运用优选的方法，合作式运用结构，呈现班级共生的生命力。朗读，则将倾听、读准、评说、仿写等在推进中结合起来，呈现出全班与个体教—学—用的螺旋转化。习字时，教师范写与学生书空相结合，将汉字书法美的欣赏与规范笔画笔顺的习得相结合；全班学生在写字之前先做手指操并诵"写字歌"，将身心舒展与集中注意力相结合。写字时，领写员朗读笔画笔顺与全班学生课本描写相结合，将符合年龄特征的集中注意力之热身预备与规范描写、个体独立与群体互动（含说、听、描、写、检查等）相结合，渗透养成写字的"过程结构"。由识字进入主题，在课文内容的学习中继续识字、拼读；基于识字，听录音、学儿歌，在朗读儿歌中继续识字、描字，最后综合式地复习巩固字词、笔画、音节和儿歌。呈现富有乐感的节律转换之美。基于此，拓展延伸，个体主动创编、全班共同创作。——35分钟的课堂教学，各环节既相对独立又关联推进，在开放、涌动中有机推进，灵活创造性地实现育人目标，呈现出有机融通、螺旋化成的生命成长之美。

（二）长程累进中螺旋化成

教学结构—运用结构所产生的螺旋化成效应，既通过一节节课具体综合地实现，还通过一类类课的长程育人，实现生命更美好的成长。课堂教学是需要在较长时间内持续开展的学科教学过程，而非一次性过程。[1]

叶澜形象地说：学生是在日常的课堂教学过程中"吃家常饭"长大的，不是靠"吃大餐"长大的。因此，课堂教学研究需要常态化、系列化的学习—实践、反思—重建，走向日常化和系统化，形成纵横贯通的课型研究系列。教师的研究能力与变革自觉在此过程中得到锤炼和提升。叶澜强调，日常教育教学实践的持续研究，是教师发展的基本路径。日常是人人都拥有的研究资源，变革的理念在日用常行中。只有重视日常教育教学，教师才能悟

---

[1] 叶澜.课堂教学过程再认识［A］//叶澜.变革中生成：叶澜教育报告集.北京：中国人民大学出版社，2019：47.

道，养成新习惯和新基本功。"思想与创造是照亮日常世界的阳光。只有坚持日常变革实践，学生才能有内在真实的成长，教师才能感受日常过程的发展伟力与魅力。"[①]与之相应，学生的学科素养也才能在一次次的教学推进中，日积月累呈现出素养提升之美。

叶澜主编的"'新基础教育'成型性研究丛书"之语数外各科"教学改革指导纲要"（2009），以及叶澜主编的"'生命·实践'教育学论著系列"之"当代中国基础教育学校变革研究丛书"（2014—2015），对学生的学科素养有相对集中的表达。如在语文教学改革中，围绕培养主动、健康发展的时代新人，"新基础教育"研究团队形成了学科教学总目标以及义务教育阶段各年级的具体、核心培养目标。语文学科教学的总目标主要有三。第一，满足和提升通过语言文字认识世界、自我表达、与他人交流、拓展精神世界的成长需要。第二，培育汉语根基、文化根基、精神根基，形成以汉语为载体的基础积淀，以及基础积淀后的文化知识、中国人的精神态度、思维方式和人生智慧，并在日常生活、各科学习、社会生活实践中继续发展语文能力。第三，形成言语个性与风格，发展以言语为核心的独特精神世界，观察和理解外部世界的视角和思维方式。以"教学结构—运用结构"中的语言学习的基本单位为例，结构单位不断扩大，呈现螺旋累进的发展之美，如一年级以识字教学为重点，做实、做趣对中国文字的结构化教学，自然带出对语句的习得与创编；二年级以词语教学为基础，夯实、丰富对句式和小语段的理解与创作；三年级以核心语句为基础，落实句群和段的阅读与习作；四年级以重点段为基础，提高对段与段、上下文之间关系的整篇体悟和习得；五、六年级在语篇整体意义上提高思维水平和综合表达能力。进入初中，则从小学段的以听说读写能力发展为主，转换为散文、小说、议论文等多种文体螺旋渐进的深度学习与品析鉴赏。在此螺旋递进中，学生的语文素养逐渐

---

① 叶澜."新基础教育"内生力的深度解读［A］//叶澜.变革中生成：叶澜教育报告集.北京：中国人民大学出版社，2019：245.

实现整体融通。数学、英语教学改革也都形成了各自的总体目标、结构化课型系列与年级培养目标，这是教学改革研究走向日常化、系列化所产生的累进式螺旋化成效应，绝非一日一时之功，但又功在日常。"滴水"之力虽微弱，但持之以恒，却能有"穿石"之大效。

  踏上工作岗位，遇到过许许多多的人，有的同行多年成为教研相长的朋友，有的相识很久却交集甚少，还有些人仅陪伴一程，却深深影响、改变思行。

  投入教育事业，经历过许多次的教育改革，有的一面之缘，有的浪潮汹涌，还有的却似雨露和阳光，照进心灵和思想的深处，沉沉浸润、悄悄蜕变。

  ……

  因何而变？因责任和机遇，因挑战和担当，缘起"新基础教育"，缘由"新基础教育"！

  变，是岁月的流逝留下的年轮。长，是生命蓬勃充满生机的表现。

  在20年的"新基础教育"研究中，我坚守课堂、恒守初心，一直在学、研之路上行进。未来的岁月，期待自己继续在变中"长"，"长"教学智慧，"长"教师幸福感，"长"教育情怀！①

以上是前面所举语文研讨课的设计与实施者——俞亚勤老师，在全国"新基础教育"研究"成人之路"研讨会上向同行专家讲述的心得体会。这是"新基础教育"研究的首批骨干教师代表经20年持续且越来越自觉的合作变革研究后的体会与心声。目前，她卸去学校行政职务，在校内成立的"俞亚勤语文名师工作室"低调而幸福地创造着有意义的教育教学生活，指

---

① 俞亚勤2019年12月17日在上海市闵行区"新基础教育"20周年纪念会上的专题报告《守初心，在学、研之路上"长"》(内部资料)。

导、带领工作室成员"在育人中炼己",以"炼己"更好地"育人",一起做着有意义、有生命力的教育事业。

二十余年"新基础教育"课堂教学改革,像俞亚勤老师这样坚守课堂教学初心,持续思行、蜕变,在"成事"中"成人",以"成人"促"成事",改变了学校生存方式的教师,每所"生命·实践"教育学合作研究校、"新基础"教育研究基地校和试验校都一批又一批地涌现。平凡又了不起的他们,是中国基础教育教学改革成功的最终保障。叶澜非常尊敬、珍惜,并愿意读懂、成就这样的合作伙伴,她说,今日中国的教育变革,若无教师的自觉变化不可能真正完成①。

新的观念、道理,只有化入"日常"生活,才能真实改变人之生存方式,真正更新行为背后的思维方式与价值信念。人怎样生活便成为怎样的人。在日常研究性变革实践的课堂教学中,师生多元互动、涌动相成,才能一次次地、渐进式地螺旋化成,在合目的、合规律的教育教学生活中,涓涓长流,渐次成泉成瀑,活水奔腾,汇成波浪相涌、涌动不息的生命之海。

教育教学美的达成,需要尊重教育教学的内在规定,遵循教育教学的过程逻辑,尊重教育与研究者的专业创造,以求"真"之美的过程,实现成"善"之美的目的。更新原来习惯的生活方式绝非易事,它是充满疼痛与新生的艰难蜕变,需要研究者和教育者以极大的勇气、智慧,深情执着,携手共进,努力、自觉,逐渐实现幸福的蝶变。唯有如此,才能不断创生当代"学校新生活",走向中国"教育新境界",实现变革研究综合融通的"成人成事"之大美。

---

① 叶澜.散论"教师"[A]//叶澜.俯仰间会悟.北京:中国人民大学出版社,2019:125.

第四章　生命拔节：综合活动之美

> 人世间的生活世界因"节"而波浪似的涌动，时时溅出美丽的浪花，让人总有期盼，总有分享，总有不同的感受和满足。"节"以自己独特的语言，充实、温暖、丰富、调节着人的心灵！[①]
>
> ——叶澜

"活""动"这两个字都是形声字。两者都有活动的意思，指为实现一定意图而行动。相对于课堂教学或学科教学，综合活动在学科意义上是跨学科的，在场所意义上是不限于课堂的，在主体意义上是更具自主性的。叶澜指出，义务教育阶段，在学科教学基础上，可积极开展跨学科的学生校内外综合活动，包括我们提倡的四季活动，它们不必纳入学校课程的框架，而是为学生和教师提供更大的自主策划、探索，更灵活地创造性开展活动的发展空间，这是相对封闭的学校通向自然、社会的"窗"和"门"，它不

---

① 叶澜.人间"节"语[A]//叶澜.俯仰间会悟：叶澜随笔读思录.北京：中国人民大学出版社，2019：72.

是课程意义上的综合课程。①

在"新基础教育"研究过程中,综合活动作为一个研究领域有着二十多年的发展前史。在探索性研究阶段(1994—1999),由于是以班级为研究单位,这一领域被称为"班级建设",包括班级制度与管理、班级活动和班级文化三个方面;经过发展性研究阶段(1999—2004)的积淀,这一领域在以学校为单位的成型性研究阶段(2004—2009)被确立为"学生工作";经过以区域生态组/区为单位的扎根性研究阶段(2009—2012)的积累,在持续至今的生态式推进研究阶段(2012年开始),最终在2016年12月21日叶澜所做的报告中确立为"综合活动"。

虽然综合活动这一研究领域经历了"班级建设""学生工作"等不同研究阶段,但不同阶段的概念并非对前期研究的否定,而是对前期研究的拓展和清晰化。首先,在研究单位变化之后形成的新概念,随着研究单位的扩展和理论研究的积淀,都把原有概念包含在内,从而形成了以原有概念为内核的新概念。其次,贯穿不同研究阶段的基本理念是一致的,仅仅在具体理论上不断丰富。这种基本理念就是学生观和学生立场,也是"生命·实践"这一基本概念在该领域的具体化。最后,正因为不同阶段的概念之间既有差异又有内在的一致性,所以常常同时使用,以呈现这一独特领域的多面性。例如,当同时使用"学生工作"与"综合活动"时,前者更多的是指旨在直接促进学生社会性与个性发展的学校工作领域,揭示的是主体与目标属性;后者更多的是指相对于学科教学的独特性,揭示的是载体属性。换言之,前者凸显了发展谁与发展什么的问题,后者凸显了如何发展的问题,两者是同一个领域的不同面向。

在"新基础教育"发展性研究结题总报告中,叶澜把"新基础教育"在班级建设领域中的"新"的视角和"新"的重点看作"新基础教育"之

---

① 叶澜.溯源开来:寻回现代教育丢失的自然之维——《回归突破:"生命·实践"教育学论纲》续研究之二(上编·其一)[J].教育发展研究,2018(2):2.

"新"的第八义。所谓"新"的视角是指一种新的方法论，即从发展的意义上把握学生的需要，关注学生在发展不同阶段所呈现的特殊的、与成长相关的需要。这种内在的需要是由学生生理的发展、生存环境的氛围、提供的刺激或实践可能、周边包括同伴和教师的影响力和影响方式、发展主题已有生命史的积累等内在因素综合交互作用的产物。它既反映发展可能性所指向的领域，也包含着学生在不同发展阶段必须跨越的领域。① 所谓"新"的重点是指强调班级建设的实践行为，应建立在对不同年级、班级学生发展状态和成长需要研究的基础上。在研究中我们还尝试分析有关中国当代小学和初中学生成长发展需要的演化路线。②

在综合活动领域，学生观和学生立场是"生命·实践"教育学生命理想的结晶，也是叶澜教育研究诗性心智与诗性思维的具体化。在"新基础教育"探索性研究过程中，对人发展的自主性的强调由基本命题演化为价值律令，如"把班级还给学生，让班级充满成长气息"和"把精神发展的主动权还给师生，让学校充满勃勃生机"。由于在《生活美学："生命·实践"教育学审美之维》中有两章讨论"生命·实践"教育学中的"生命理想"，且本书第一、三章中对此也有阐述，这里聚焦综合活动领域的诗性语言或审美表征。

一、滴水映日

在谈论综合活动时，叶澜反复强调它不同于传统的课程。"它是以学生的成长需要为出发点，以主题和项目（不是学科）为活动构架，以学生的全程参与（包括策划、组织和总结交流等）、主动承担责任、产生积极发展效

---

①② 叶澜. 总报告：世纪初中国基础教育学校"转型性变革"的理论与实践——"新基础教育"理论及推广性、发展性研究结题报告［A］//叶澜."新基础教育"发展性研究报告集. 北京：中国轻工业出版社，2004：26-27.

应为开展活动的原则……师生关系在综合活动中更强调合作、平等，相互欣赏，相互成全。"①其中，主题班会（又称队会或班队会）是班级层面集中性的综合活动。"新基础教育"重视班级活动的开展。因为经验已经证明成功的活动犹如生活中的浪花、记忆中的亮点，在学生的生命发展历程中会留下鲜明的痕迹，在关键的时期还可能成为学生发展阶段转换的敏锐触发点。②作为班级活动的一种重要类型，主题班会是"新基础教育"综合活动研究的重要抓手。

（一）参与激活

由于综合活动不同于传统的课程，作为综合活动基本构成的班会也不同于"上课"。在班会与日常生活关系中，日常生活就像一条大河，班会作为一个教育活动是要做一个拦河大坝。当然，这不是要阻挡生活进程，而是通过停留和研究，提升日常生活的质量。班会没有课程化的教材，活的生活就是教材。所以，班会虽然常常利用课时进行，但不是上课，要强调"会感"（会议感），而不是"课感"（上课感或教学感）。会感包含两个层次：一是参与感，即学生能够自主参与到会议中，并以各种形式的参与推动会议进行；二是获得感，即学生的成长需要得到满足，会议目标达成，甚至有意料之外的收获。第一个层次的班会状态可以称作"烧开水"，让泡泡冒出来；第二个层次的班会状态可以称作"煲高汤"，要产生丰富的营养。

"烧开水"是基本功，"煲高汤"则是更高层次的功夫。例如，总结会一般有四个环节，即活动回顾—活动收获—问题反思—改进建议，但根据不同的活动目标达成度，可以有不同的变式。无论何种情况，要处理好两个关

---

① 叶澜. 探教育之所"是"，创学校全面育人新生活——新时期"新基础教育"研究再出发[J]. 人民教育，2018（Z2）：14.
② 叶澜. "新基础教育"论——关于当代中国学校变革的探究与认识[M]. 北京：教育科学出版社，2006：319-320.

系：一是前期活动进程中确定性与非确定性之间的关系，或者意料之中与意料之外之间的关系；二是本次会议中有序推进与追问打开之间的关系。通过活动回顾和收获，要以确定性和意料之中为基点，发散出去，把非确定性和意料之外激活，形成对活动多个角度的反思。在此过程中，有序推进固然重要，但是作为会议之最宝贵的头脑风暴和思维/情感激荡，如何通过追问去激发，形成碰撞和共鸣，甚至形成儿童生活的哲学，则是更高的功夫。这时，活动是否能够完成已经不太重要，会议中的精彩和亮点更值得开发和重视。

总结型班队会研究[①]

河南省巩义市子美外国语小学　张巧鸽

1. 总结型班队会与主题活动的关系——相互促进，有机交融

随着总结型班队会的开展，尤其是最早形成认知和不断深入实践的教师在这种会议类型中有了新的感悟和发现。我们发现："总结型班队会"要凸显"总结"的价值，但基于不同的主题活动，总结型班队会还需要有不同的变式和在会议目标下的适合活动本身的形式创新，要细化不同类型主题活动为载体的总结内容，在求同中找差异，在差异中找一般策略，进行深入研究。如：以校内主题活动（知识类、文化类、科技类、运动类）为载体的总结会；以校内持续开展的活动（百日阅读、经典诵读、班级社团）为载体的总结会；以校外综合活动（参观体验、校外研学、家校社合作）为载体的总结会。

我们组织了各类主题活动，在学生对主题活动有了体验的基础上召

---

① 本材料节选自由河南省巩义市子美外国语小学学生工作第一梯队教师张巧鸽撰写的《总结型班队会研究手册》。该手册完成于2019年12月，是"新基础教育"研究河南省巩义生态区学生工作精品专题研究之一。

开总结会，旨在促进师生对主题活动形成全面认识和对自身、团队形成多元认知，进一步明晰主题活动和总结会的关系，达到相互促进、有机交融的目的。总结型班队会的目标设计和展开逻辑要基于两方面的考虑：一是活动成效，基于活动成效（成功或失败）凸显目标成人成事的侧重点，凸显班队会活动过程的主次环节；二是活动特色，基于不同的主题活动，总结型班队会师生交流的内容会有所不同，所要提升的活动价值也不同，班队会学生进出的"长"（经验或情感）也不同。教师要对班级开展的主题活动有深入的认识和参与，通过班队会促进学生的"长"有细致的分析与思考，达到主题活动与班队会的相互促进和有效融通。

2. 总结型班队会与教师介入的关系——价值引领，资源汇聚

教师在班队会中起到平台搭建者、幕后支持者、资源汇聚者、价值提升者、活动推动者的作用。所以总结会是教师为学生成长搭建的舞台，把主持权还给学生，把话语权交给学生，营造学生畅所欲言的开会氛围。会议开始时回顾活动全程作为唤醒学生活动感知的一条路径，也是学生打开话匣，多角度谈收获的基础。此时教师的介入应为启发学生从不同层面谈感受，如活动情感感受、人际关系感受、活动体验感受等，避免学生思维在一个层面打转受限，真正起到破冰作用。

教师是班队会中的一员，一个价值引领、资源汇聚的角色成员，也是班队会目标达成的重要成员，学生在此过程中"长"了多少，如何生长？这就体现出教师的介入能力与总结会之间的因果效应和推进效应。当学生思维停留在一个层面，教师应该介入，引发多角度思考；当学生出现与主题活动开展初衷相匹配的资源，教师应该介入，从专业知识角度落实活动效应；当学生呈现与组织关系相贴切的资源，教师应该介入，从情感和能力方面延伸资源价值；当学生遇到共性困难时，教师应

该介入，引入新资源解决普遍疑难，提升学生的新认识。

3. 总结型班队会与各类资源的关系——有效编织，充盈丰富

总结型班队会因组织单位不同，呈现的资源也落实到不同层面。个人层面的资源要突出个性，如阅读、背诵的方法资源，由个性见解引发众人的思考，结合自己寻找可以尝试的资源，但不能统一要求去接纳。小组或小队层面的资源要突出小团体的集体资源，如怎样协商组织，将活动开展中的组织单位建设经验分享给大家，可以建议大家模仿学习（尤其是这方面组织不到位的团体）。对于项目组在活动中发挥的作用，放大基于他们共同兴趣和能力的资源，如足球运动员如何赛场参赛、啦啦队成员如何赛外呐喊助威，将基于兴趣和能力的资源形成策略，方便下次同类活动的开展，或方便其他班级开展此类活动时可以直接借鉴。

各类资源之间的有效编织、相互充盈丰富是总结型班队会的主要内容。各类资源互相交错与勾连组织，引发总结会中各种组织的交互与思考，促进会场的开会效应，相互启发、相互欣赏、相互学习。有形的材料资源与无形的思维资源，内在的班级成员资源与外在的其他人士资源之间形成对比与分析、汇聚与促进的关系，直接折射着总结会的会议价值和会议成效。所以，教师要善于抓住有利于目标达成的资源，追问、放大、归类、提升，形成学生本次总结会成长的"点"，将"点"串联在总结会的目标上，达成总结型班队会"总结"的目的，形成学生新一轮成长的基石。

4. 总结型班队会与其他类型班队会的关系——辐射延伸，相生相长

总结型班队会处于一个主题活动的总结阶段，与主题活动开展前的策划、活动开展中的推进、活动后的分享评价，形成主题活动时间线上的各个节点，促进学生对主题活动的全程体验，全方位认知活动价值和成长乐趣。由总结型班队会到更多类型的班队会的实践研究，教师对班

队会的认知从畏惧无绪到有序组织转变，思维意识由单一思考向多元综合转变，行为方式由没有自信到大胆尝试，逐渐体验到各类班队会相生相长的价值，从一名知识型教师向研究型教师角色转变，全面理解了学生工作在学生成长、自身素养、班级发展、学校变革中的重要作用。

班会滴水映日的潜力要从可能性成为现实性，需要班主任和综合活动指导者研究能力的提升。班级会议不只是开会的现场，还是班主任研究学生和自我的现场。作为研究学生和自我的窗口，班会现场首先是班主任搜集资料与分析资料的过程。班会现场可以搜集到多种不同类型的资料。从资料性质上看，有非言语资料和言语资料。非言语资料是学生和班主任自我在班会现场的表情、动作以及师生、同伴、小组和班级层面上的活动状态等；言语资料是学生和班主任自我在现场的发言。在班会过程中，这些资料的搜集靠班主任眼观六路、耳听八方。为了便于事后研究，拍照片、录像、录音和记笔记等是搜集和保存这些不同类型资料的方法。其中，言语资料与非言语资料是密不可分、交互为用的。

（二）成人成事

作为日常性教育活动，主题班会犹如滴水映日一样全息地映照着综合活动与学生发展的整体状态。学生的日常生活是由一件件事情构成的，其中综合活动是其重要构成。由于综合活动以主题和项目为活动构架，又可以称其为主题活动或项目活动。无论是主题活动还是项目活动，都是一个完整的事件。就一件完整的事情而言，其不仅包含过程维度，还包含领域或内容维度，以及所涉层面维度。过程维度主要是有关如何做事的，领域维度主要是有关做什么事，层面维度主要是在何种分析单位上做事。如何做事同做什么事以及在什么层面上做事有密切的关系。因此，三个维度是密不可分，相互缠绕的。

如图4-1所示，为综合活动的三维结构。从领域上看，至少涉及岗位与组织建设、文化建设、学生工作与学科教学整合、家校社合作四大领域。这四大领域并非界限鲜明，而是相互渗透。从层面上看，则涉及微观、中观和宏观等多个层面。不同层面之间的区分也是相对的，例如，从个体、小组、班级、年级、校区到整个学校，都可以作为分析单位。从过程上看，涉及一件事情的完整过程，包括策划、实施和总结等。

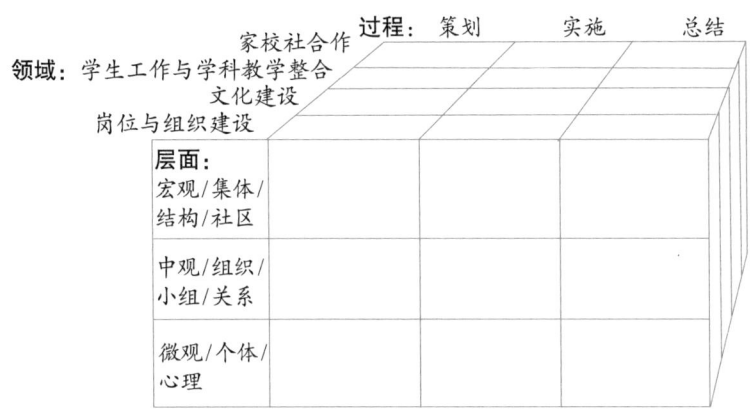

图4-1 综合活动的三维结构

只有把三个维度及其关系都考虑清楚，才能准确定位班会的类型。作为一种会议，从领域上看，班会追求的是"小"（主题聚焦）；从过程中看，其追求的是"清"（过程清晰）；从层面上看，其追求的是"新"（资源生成或新资源的引入）。

目前，河南巩义生态区学生工作领域正在依据主题活动的PDCA循环[包括Plan（计划）、Do（执行）、Check（检查）和Action（处理）四个环节]，梳理主题班会的类型。"循环"表明这一过程是周而复始、螺旋上升的。其中，计划与处理分别是一件事情的开头与结尾，涉及很多具体步骤与任务，尤其是开头的计划部分，实际上是把问题解决型的问题发现、问题分析和方案制定都包含在内了。因此，基于主题活动的进展情况，可以举行阶段性的班会加以推动，由此也形成了班会活动的一些基本类型，如策划型、推进型和总结型班会等。无论是从问题解决的角度还是从PDCA循环的角度，都是强调让学生经历任务完成的完整过程，而且只有经历了这一完整过程才有助于人的主动性、社会性和个性化发展。这是"新基础教育"所主张的成人与成事的统一。

但是，目前对班会的研究似乎又止步于过程维度，以为有了过程维度上的策划、实施和总结，就有了班会的深入研究，这是值得第一梯队教师警醒的。可能过程维度是比较容易让人理解的，但是真正有挑战的是领域维度和层面维度，即我们想通过开会研究哪个层面上的什么事。

二、节点绽放

"节"的本义为竹节，指竹竿上自然的突起之物。这里的"节点"是指重要且具有转换意义的时间点或日子。叶澜认为："人世间的生活世界因'节'而波浪似的涌动，时时溅出美丽的浪花，让人总有期盼，总有分享，总有不同的感受和满足。'节'以自己独特的语言，充实、温暖、丰富、调节着人的心灵！"[①]学校生活作为师生生活世界的重要构成，包含着不同层面上的节点，师生生活的多彩多姿通过这些节点得以绽放。

（一）学校节点

学校生活中有哪些节点？在叶澜倡议下，"新基础教育"各类实验学校梳理出一年里共有多少"节"（含数量与名称），并按"月"的次序把"节"写出来，有一个写一个，不论大小。共收到共生体12个地区、59份表格、95所学校提供的材料。对上海闵行、常州和其他地区中小学校节日进行分类汇总，有以下发现。

---

① 叶澜.人间"节"语［A］//叶澜.俯仰间会悟：叶澜随笔读思录.北京：中国人民大学出版社，2019：72.

整体而言，中小学校节日活动可以分为八类，即仪式典礼活动、传统与法定节假日活动、综合实践活动、体育节、艺术节、读书节、科技节和其他。其中，传统与法定节假活动最为活跃，其次是仪式典礼活动，再次是四大主题节（体育节、艺术节、读书节和科技节）活动。如果把四大主题节活动看作一类，则该类活动数量介于传统与法定节假日活动和仪式典礼活动之间。

表4-1表示"新基础教育"共生体中小学节日活动分类汇总情况。从表中可以看出，江苏常州地区的仪式典礼活动特别活跃（38项），在综合实践活动（8项）、读书节（13项）和体育节（15项）活动上也比较活跃。上海闵行和江苏常州以外地区的读书节和科技节活动比较少。

表4-1 "新基础教育"共生体中小学节日活动分类汇总

地区	仪式典礼活动	传统与法定节假日活动	综合实践活动	体育节	艺术节	读书节	科技节	其他	总计	校均
上海闵行（7校）	12	45	3	8	7	7	8	23	113	16
江苏常州（10校）	38	45	8	15	9	13	8	11	147	15
其他地区（9校）	12	35	3	13	8	4	6	23	104	12
合计	62	125	14	36	24	24	22	57	364	—

1. 仪式典礼节点

表4-2表示"新基础教育"共生体中小学仪式典礼活动分类汇总情况。就仪式典礼类活动而言，上海闵行出现最多的是入队仪式，其次是成长仪式和毕业典礼；江苏常州地区出现最多的是开学典礼，其次是毕业典礼、入学仪式、入队仪式和成长仪式；其他地区出现最多的是入队仪式、成长仪式和毕业典礼，其次是期末表彰。

总体而言，各地区最活跃的是入队仪式（14项）和毕业典礼（14项），其次是成长仪式（12项）和开学典礼（10项），再次是入学仪式（8项）。

表4-2 "新基础教育"共生体中小学仪式典礼活动分类汇总

活动	上海闵行	江苏常州	其他地区	总计
入学仪式	1	7	0	8
开学典礼	0	9	1	10
入队仪式	4	7	3	14
成长仪式	3	6	3	12
少先队代表大会	1	1	0	2
期末表彰	0	0	2	2
毕业典礼	3	8	3	14
总计	12	38	12	62

表4-3表示"新基础教育"共生体中小学仪式典礼活动的月度分布情况。从表中可以看出,仪式典礼类活动在时间分布上的特点是:入学仪式和开学典礼集中在学期初,即4月和9月;毕业典礼和期末表彰集中在学期末,即6月;成长仪式集中在5月;入队仪式集中在5月和10月;少先队代表大会集中在10月。

总体而言,6月的仪式典礼活动最为活跃(16项),以下从高到低依次是5月(9项)、9月(8项)和10月(7项)。

表4-3 "新基础教育"共生体中小学仪式典礼活动月度分布

活动	1月	2月	3月	4月	5月	6月	7月	8月	9月	10月	11月	12月	总计
入学仪式	1							3	3	1			8
开学典礼		4	2						4				10
入队仪式				1	4	3				4	1	1	14
成长仪式			1	2	5	2			1			1	12
少先队代表大会										2			2
期末表彰	1					1							2
毕业典礼				1		10	3						14
合计	2	4	4	3	9	16	3	3	8	7	1	2	62

2. 传统与法定节假日

表4-4表示"新基础教育"共生体中小学传统与法定节假日活动的月度分布情况。从表中可以看出,传统与法定节假日活动的时间分布遵循日历节奏,除5月、7月、8月、11月、12月节日较不活跃外,一般说来,其余月份均有较为活跃的节日,即1月元旦/春节、2月元宵节、3月妇女节、4月清明节、6月儿童节、9月中秋节和教师节、10月重阳节。

上海闵行传统与法定节日最活跃的是元旦/春节活动,其次是儿童节、元宵节、重阳节,最后是端午节和中秋节;江苏常州地区最活跃的是元宵节,其次是清明节、端午节和重阳节,最后是中秋节、元旦/春节、妇女节、儿童节;其他地区最活跃的是儿童节,其次是元旦/春节,最后是雷锋日、教师节、国庆节。

相对而言,江苏常州、上海闵行地区传统节日较为活跃,其他地区法定节日较为活跃。

总体而言,最为活跃的节日从高到低依次有元旦/春节(15项)、儿童节(14项)、元宵节(11项)、清明节(11项)、重阳节(10项)、妇女节(9项)、端午节(8项)、中秋节(7项)和教师节(7项);节日较集中的月份从高到低依次有6月(23项)、3月(18项)、9月(16项)、1月(14项)、2月(14项)、10月(13项)和4月(11项)。

表4-4 "新基础教育"共生体中小学传统与法定节假日活动月度分布

活动	1月	2月	3月	4月	5月	6月	7月	8月	9月	10月	11月	12月	总计
元旦/春节	10	1										4	15
元宵节		11											11
雷锋纪念日			5										5
妇女节			9										9
植树节			2										2

续表

活动	1月	2月	3月	4月	5月	6月	7月	8月	9月	10月	11月	12月	总计
消费者权益日				1									1
清明节			1	10									11
知识产权日				1									1
劳动节					2								2
青年节					1								1
端午节					1	7							8
儿童节						14							14
禁毒日						1							1
建党日							1						1
建军节								1					1
中秋节									7				7
教师节									7				7
重阳节									1	9			10
国庆节									1	4			5
感恩节											1		1
寒假	4	2											6
暑假						1	5						6
总计	14	14	18	11	4	23	6	1	16	13	1	4	125

3. 四大主题节

四大主题节活动是中小学校较为常见的活动，尤其是在江苏常州和上海闵行区。如表4-5所示，各地区中小学校中最为活跃的是体育节（36项）。相对于江苏常州和上海闵行区，其他地区的读书节和科技节不是很活跃。

在分布时间上，除寒暑假期外，各月均有分布，上半年集中在4月（21项）和5月（20项），下半年集中在11月（14项）和12月（13项）。

表4-5 "新基础教育"共生体中小学四大主题节月度分布

	1月	2月	3月	4月	5月	6月	7月	8月	9月	10月	11月	12月	总计
体育节	2		5	8	3				3	3	4	8	36
艺术节		1		1	13	3			1		3	2	24
读书节		1	5	8	2		1		1	1	4	1	24
科技节			1	4	2	3				5	3	2	22
合计	2	2	11	21	20	6	1	0	5	9	14	13	104

4. 数量与类型分布

表4-6表示"新基础教育"共生体中小学节日活动类型划分情况。上海闵行共收到20校的材料，总计413项活动，平均每校约20.65项活动。提供活动最多者为汽轮小学，共72项；最少者4项，有虹桥小学、友爱中学和闵行区实验小学。

在活动类型上，汽轮小学归纳了迎新活动、仪式活动、实践体验、社会实践、体育节、读书节、艺术节、科技节、节庆活动、赛事活动和评选活动11类。航华第二小学的活动分为节日庆典活动（10项）、社会实践活动（12项）和校园文化活动（6项）三大类。江川路小学提出，注重传统节日、学校特色、学科教学的有机融合。闵行四中区分了学生活动（10项）和教师活动（9项）以及共同参与的活动（10项）。明强二小区分了主题活动节（四人节，皆持续两个月）和传统文化节（共6项，含立夏、秋分、冬至）。七宝二中从参与对象的角度区分了全校、年级、班级、小组四个层面。古美学校提交了2016、2017两年的活动安排，区分了校园节律、学生成长节律、自然节气、社会生活、民俗节日、传统文化六个领域，在实施主体上区分了校级、年级、学科三类。

江苏常州共收到20校的材料，总计190项活动，平均每校约10项活动。提供活动最多者为局前街小学，共23项；最少者共2项。

在活动类型上，第二实验小学和戚墅堰东方小学分为校级与年级两类活动。西夏墅中心小学区分了艺术（整合端午节、六一儿童节）、科技（整合中秋节、重阳节）、体育（整合元旦、除夕）三大主题节加上生命教育（整合元宵节、清明节、三八妇女节、植树节以及心理健康教育内容）、民族教育（整合国庆节、理念信念教育）主题节。小河中心小学分为仪式活动（4项）、主题教育活动（9项）和传统节日活动（6项）三大类。新北区薛家实验小学分为传统节日与学科主题节两大类。

其他地区仅淮安两所学校提供了活动类型划分情况。

根据表4-6所示，活动类型可以从活动主题、活动参与者和实施者等不同角度进行划分。就活动主题而言，基本不出仪式典礼活动、传统与法定节假日活动、综合实践活动、体育节、艺术节、读书节、科技节七大类。活动参与形式可以区分为学生活动、教师活动和师生共同参与活动三种情况。实施者可以区分为全校、年级、班级、小组和学科五种类型。

表4-6 "新基础教育"共生体中小学节日活动类型划分角度

地区	学校	活动主题角度	参与者角度	实施主体角度
上海闵行	汽轮小学	迎新活动、仪式活动、实践体验、社会实践、体育节、读书节、艺术节、科技节、节庆活动、赛事活动和评选活动		
	航华第二小学	节日庆典活动（10项）、社会实践活动（12项）和校园文化活动（6项）		
	江川路小学	传统节日、学校特色、学科教学		
	闵行四中		学生活动（10项）和教师活动（9项）以及共同参与的活动（10项）	
	明强二小	主题活动节（四大节，皆持续两个月）和传统文化节（共6项，含立夏、秋分、冬至）		

续表

地区	学校	活动主题角度	参与者角度	实施主体角度
上海闵行	七宝二中			全校、年级、班级、小组
	古美学校	校园节律、学生成长节律、自然节气、社会生活、民俗节日、传统文化		校级、年级、学科
	鹤北小学	校园仪式活动、校园实践活动、校园主题活动、校园探究活动		
	梅陇中心小学	节气活动、节庆活动、节点活动		
常州	第二实验小学、戚墅堰东方小学			校级与年级
	西夏墅中心小学	艺术（整合端午节、六一儿童节）、科技（整合中秋节、重阳节）、体育（整合元旦、除夕）三大主题节加上生命教育（整合元宵节、清明节、三八妇女节、植树节以及心理健康教育内容）、民族教育（整合国庆节、理念信念教育）主题节		
	小河中心小学	分为仪式活动（4项）、主题教育活动（9项）和传统节日活动（6项）		
	新北区薛家实验小学	分为传统节日与学科主题节		
淮安地区	淮阴师院一附小	传统节日、自然节日、校园节日、法定节日、国外节日和仪式庆典		学校、班级
	淮阴师院附小	与"四季"活动整合、与学科整合、与传统节日和节气整合、法定节日和庆典、上级规定活动（班会）		

(二)节点创意

比较有新意的"节"名主要有以下几类。

1. 整合"新基础教育"四季活动和学校文化等

上海闵行汽轮小学品秋系列里"以自然为师,与万物为友,'汽轮娃'主动健康大成长"开学典礼暨新生入学仪式、启春系列里"点亮春天·新志新行"四季活动启动仪式、蕴冬系列里"日日温情暖,月月携手行"迎新活动暨第二季"圆梦行动"等。

上海闵行华坪小学的"乐学四季"(大标题)、国庆纪念日的"我是神气中国娃"(1—5年级)系列活动等。

江苏常州虹景小学"臻美四季"(大标题);镇海骆驼中心"四季童绿"(大类)。

江苏常州局前街小学的"小龙娃过大节"系列(包括:元宵节、清明节、端午节、中秋节和重阳节五个传统节日)。

山东青岛石老人小学的"海之风体育节""海娃艺术节""海之星科技节""海之贝生活节"。

2. 凸显学生人生成长的节点价值

上海闵行第四中学的学生活动系列四大主题节等的命名,有意识地和"人生"成长结合,包括"阅读点亮自育人生——闵行四中读书节"、"科艺开启智慧人生——闵行四中科艺节"、"奉献成就美好人生——志愿者节"(暑期"夏之魅"系列)、"运动奠基幸福人生——闵行四中体育节"、"踏青登高放眼量——初三毕业季活动"("探春寻美"系列)等。

闵行第四中学除了对学生四年的校园生活进行了长程设计,还设计和改造了一些节点活动,尤其是入学教育的前移和拉长了毕业季主题活动的时间跨度。

上海市闵行第四中学主题活动感言

学生部责任人：王轶泓

我本人这三年都在初三，特别有感触的是每年的中考送考，这绝对是我们四中的名片。每次送考，初三教师的服装都是精心挑选的，送给学生的幸运手环，每一张亲笔签名的贺卡，每一个大大的拥抱，都是教师对学生爱的浓缩，我一直说四中的教师最漂亮，因为他们把学生当成了自己的孩子，四中的家长最让人感动，因为让孩子来四中读书是他们当初最明智的选择。

尽管我们的学生家长多为工薪阶层，但是通过这几年的跟进式家长学校，家校互动，学校的自育文化也已纵向延伸到学生的家庭，自育型家庭的数量在增加，他们高度认同学校文化，并用一个个生动的故事诠释"自育"精神，为我们的孩子成长助力。就比如：我们最近在举办的自育型家庭评选，以寒假时的寻根之旅开始，每个孩子和自己的亲人在假期里都开展了一项特殊的寒假作业——家风探寻。开学第一课上，全体师生一起分享了各自的家风家训。家风里的故事主角并没有显赫名声，只是平凡岗位上的平凡人，但是他们身上传承的家风却让每个人都感受到了家庭教育的重要性。这些活动其实都是在为自育型家庭的评选做前期的铺垫。

上海闵行古美学校的品秋季"奋斗吧，少年！"六/九年级军训、访春季"与春天同行 伴梦想成长"2016学年第二学期开学典礼及其子系列"静待花开，青春正好"八年级十四岁生日篇。

江苏常州局前街小学的"生活挑战月""毕业季毅行"。

江苏常州虹景小学"嬉夏"里"金色成长礼""最美毕业季"。

广东深圳玉律小学"少年向上开学季""谷雨时节我成长"（一五年级手

拉手、换大领巾活动等）。

广东深圳李松蓢学校"快乐六一节""成长礼""数学文化节""成童礼"。

福建厦门民立小学"成长礼——毕业典礼"。

福建厦门第二实验小学"告别母校，拥抱中学"毕业季。

福建厦门滨东小学"成长节：毕业季"。

山东青岛石老人小学"海之贝生活节"。

3. 体现出走近自然

上海闵行四中"踏青登高放眼量——初三毕业季活动"。

上海闵行古美学校"品秋韵 拾秋趣"——橘文化主题活动。

上海闵行华漕学校的"健康品秋，你我加'柚'"系列活动（语数英文理科艺等学科组全介入）。

上海闵行虹桥小学"一诗一花品秋行，画阑开处冠中秋"活动。

江苏常州戚墅堰实验小学"亲近自然——春播节"。

江苏常州白云小学"四季活动"里的"磨炼意志品格，走进'田野课堂'"。

浙江宁波镇海精英小学春季活动里的"新春甫惊蛰 春风启新程：共述新学期计划"、"植树节——春色满园育新苗"、"春暖大地学雷锋"、"童心·拥抱春天"大课堂活动、"春之成长礼：十岁，是鸟初展翼"等。

云南昆明中华小学书香门第分校"融入自然，寻找春天""秋意浓"寻秋活动。

广西桂林卓然小学"种植活动暨开耕节"启动。

4. 关注儿童独特、教师生命等富有情感色彩的表达

上海闵行华坪小学的学科类主题节"数学节"以趣味数学活动为载

体，包括数学小故事、趣味数学比赛；华坪小学还有节假日里的"寒假趣味作业"等。

上海闵行四中"教师活动"里女教师"最美女人花——三八妇女节"、青年教师"五四青年节系列"、退休教师"重阳节——退休教师回娘家活动"、班主任"班主任节"、全体教师"生命这里收获——教师品秋活动""教师暖心工程——送温暖活动""冬日暖阳——教师百人家访活动"等。

上海闵行明强小学"嬉夏季"的"童心节"、"品秋季"的"尊师节"、"暖冬季"的"爱心节"等。

江苏常州第二实验小学"七彩寒假/暑假"。

江苏常州潞城小学"小哥白尼科技节"。

云南昆明中华小学书香门第分校"全校心愿墙"（1月迎新年）。

福建厦门槟榔小学"亮剑节"——全校研讨活动。

福建厦门民立小学的创意童玩节——"科技创想'润'生活"。

福建厦门第二实验小学"玩转数学"活动周。

山东临淄太公小学"风车节"。

5. 追寻传统文化气息

广东佛山南海小塘小学的"心育节""正行礼""尚志礼""敬书礼"。

福建厦门民立小学的传承礼——"传统文化'润'童心，团团圆圆迎元宵"（及其他传统节日）、风尚礼——"外塑军姿，内炼品格"军训节、成长礼——"拓展实践平台，助力学生成长"毕业实践体验周、成长礼——"学礼立身，文明礼仪节"。

6. 其他

如：福建厦门演武小学"魅力中国行——国庆节"。

三、四季律动

中华民族所独创的充满诗情和智慧的二十四节气蕴含着四季律动。天象、气象、物象、世象的变化,都凝聚到一个个生动的节气之中,伴随着我们度过每一年:"立春"是春之序曲,大地回暖,万物复苏,多少"春之歌",都不如一个"立春"这么简练、明亮、爽朗,直唤起人心中的春意。随之而至的"雨水""惊蛰""春分""清明",淋漓尽致、有声有色、有情有义地诉尽了春之变奏的华美。此后,夏、秋、冬的不同节气都有同样的气质,朴实中透着大气与庄重。①二十四节气谱写着四季律动之歌,包含着天地人事的变化,也映照着生命自觉的精彩。

关于二十四节气,还十分想说的是,其命名生动、优雅,又不失表达节气自身特征的清晰,既内含着事实的真,又透出浓浓的人文气息,使中国这一时间文化的独特创造充满了魅力:四个季节初到人间,都用了一个"立"字,由立春、立夏、立秋、立冬四个节气组成,分别开始了春、夏、秋、冬四个季节。这一"立"意味着到来,人们由此引出了许多期望和遐想:立春盼春风暖阳、草木发芽;立夏盼万物竞生、碧波荡漾;立秋盼瓜果满园、五谷丰登;立冬盼大雪纷飞、新年吉祥。每个季节的中间则按昼夜时间的分割,将一年中平分的两日称为"春分""秋分",将白天和黑夜分别最长的两天称为"夏至""冬至"。"两分""两至",在时间意义上,表达了中国哲学把两极与中间"一分为三"的观念。"小暑""大暑","小雪""大雪","小寒""大寒",则用"小""大"两个字,区分了同一季内气候冷热的程度,由"小"到"大"提醒人们:要准备迎接最难过的暑、寒等极端天气的挑战。春秋

---

① 叶澜.人间"节"语 [A] // 叶澜.俯仰间会悟:叶澜随笔读思录.北京:中国人民大学出版社,2019:73.

两季的气象和物候变化较大,就用了一些形象、充满动感的词来命名节气,如:春季的"雨水""惊蛰""清明""谷雨",一路地"暖起来";秋季的"白露""寒露""霜降",则一路地"冷下去"。还有一组,我认为是在反映气象物候的同时,又能给人带来宽慰的命名,那就是夏季的"小满"和"芒种",它们使人感到丰收在望;秋季的"处暑",则让人可松一口气:酷热的夏终于要过去了!如果我们按季节诵读一组组节气,就会感到春的浩荡、夏的炎热、秋的清凉、冬的寂静,如此令人荡气回肠、浮想联翩的命名,怎能不引发无限诗情?节气的命名是文化之"精品",可以成诗,可以作曲,可以编舞,可以入画,这再一次显现了中国字词的强大表现力和牵动人心的魅力。①

以上诗性语言犹如一曲时间的赞歌,映照着叶澜的诗性心智和诗性思维。叶澜引领"新基础教育"试验学校开展了把二十四节气转化为学校综合活动节律的专题研究。

(一)四季活动

2015年,叶澜在《人民教育》第一期上发表随笔《人间"节"语》,提出了自然四季与学校节点活动融通的问题:"如何改变学校内以'学科'为核心的诸'节'林立,但每'节'每年又只过一次的现状?如何形成以'综合'的方式来命名学校的四季生活,如'探春'、'嬉夏'、'品秋'和'暖冬'等,并体现各年龄段孩子发展需要的差异性和连续性?如何创造属于学校生活的'节'语,包含着天、地、人、事,情意、智慧、兴趣、教育美、多元综合渗透的学校生活之'节'语?"②

---

① 叶澜.溯源开来:寻回现代教育丢失的自然之维——《回归突破:"生命·实践"教育学论纲》续研究之二(上编·其一)[J].教育发展研究,2018(2):11.
② 同①:1.

在此基础上,叶澜主张:"新时期学校改革的时间设计,可以长时段为单位,设计为'春生''夏长''秋收''冬藏',把学习时期与假期打通策划,将'二十四节气'分别插入其中,将各种学科节综合为自然相通的大节,并可分插到每一个自然期之中,且与青少年自身的生长发展关联设计各类活动。"她认为,常州市局前街小学的一年级新生入学教育、上海市闵行区实验小学举行的秋季"'丰'车节"校内巡游等,都跨出了学校时间观总体变化设计的重要一步。

叶澜对综合活动的四季律动进行了如下系统建构[①]。全年以四季分时段,每时段分别以"立春""立夏""立秋""立冬"为起点,以一季中最后一个节气结束为终点。每一个时段都要有送归迎新的综合活动,强化生命流转、季节转换的标志意识。每季都要有六节气的名称,自然、人文内容的图文或专题录像介绍(集中与分散相结合),配以咏唱、背诵等有关活动,使节气在学生心目中留下深刻印记,将这项中国的世界非物质文化遗产深印在学生记忆里,存活在学校生活中。每一季的主题都与生命成长以及学校生活的节奏相关。每一季都要有直接到自然中的活动。

春季主题为"生"——及时播种。播种生命、播种爱、播种心愿。探寻、观察、记录、体悟:春草破土、春花凌寒、旧枝新芽的生命内生力之顽强,万物初生之动人心魄之美。强化"开启""初生"对于任何生命和事物的重要价值。

夏季主题为"长"——自觉成长。长身体、长学问、长能力、长智慧、长意志、长责任、长情谊。感受自然界万物尽力吸收阳光雨露、蓬勃生长,使大地一片欣欣向荣、熠熠生辉的繁荣景象。体会"长"要善于吸收外界的能量,更要通过自己的努力,方能完成生命从出生到成长的转变。

秋季主题为"实"——收获成果。欣赏秋之成熟蕴含的美,大自然色彩

[①] 叶澜.新时期"新基础教育"研究再出发[A]//叶澜.变革中生成:叶澜教育报告集.北京:中国人民大学出版社,2019:259-260.

变幻之妙。享受经努力后获得之喜乐。感受一切来之不易，感谢所有对自己成长的帮助，包括对传统的敬重和传承意愿的强化。对自然赠予、劳动成果的珍惜，形成"惜"的意识和习惯：惜物、惜财、惜时、惜情……

冬季主题为"藏"——蕴藏蓄力。蕴来年生命之力，择再生优良之种；蕴共度严寒之暖，思一年成长之历。欣赏冬季落叶后枝干的挺拔、刚毅、不屈之美；意识根的重要：虽深藏地下，却是生命生生不息的力量所在。

从表4-7可以看出，四季活动系统不仅蕴含着人与自然的关系，也蕴含着人与人、人与自我的关系。如第二章所述，这也是人与自然的关系在校园环境营造上的独特之处，即人在同自然打交道的过程中也在同他人和自我打交道。因此，四季活动系统不仅蕴含着自然的四季律动，也蕴含着人际活动与自我成长的四季律动，从而体现出学校生活"节"语的丰富与综合。

表4-7 四季活动整合表

春生（立春–谷雨） （2–4月）	夏长（立夏–大暑） （5–7月）	秋实（立秋–霜降） （8–10月）	冬藏（立冬–大寒） （11–1月）
2月：送冬迎春 开学典礼 播种节 3月：植树节 三八妇女节 4月：清明节 野外活动 春季运动会	5月：送春迎夏 五一劳动节 五四青年节 6月：10岁生日 入队仪式 六一儿童节 毕业典礼 （与艺术节整合） （7月暑假）	（8月暑假） 9月：送夏迎秋 开学典礼 入学典礼 中秋节 （野外活动） 10月：国庆节 （中华魅力） 建队日 重阳节 秋季运动会	11月：送秋迎冬 读书节 （野外活动） 科技节 （创意与制作） 12月：迎元旦 送温暖 （翌年1月寒假）

（二）学习生态

四季律动是学校生活中不断循环往复的旋律。当然，这一旋律不是自我重复的旋律，而是犹如正在生长中的树木年轮一般，逐渐扩展，层层叠叠。那些被层层包裹的年轮里层就像种子一样，会在后来的外层里寻找生长的机会，正如那些有关孩童时期的记忆，尤其是那些沉睡着的记忆，常常可以被唤醒并给人足够的勇气来面对未来的空白，从而使得四季活动系统蕴藏着生之力。

在微观的个体和人际层面上，四季活动系统就像一个记忆的匣子，包含着自然、人际活动和自我的多重信息。四季活动系统不仅编织着记忆，也编织着师生的多重生活世界，并引领师生走上越来越广阔的生活舞台。在中观的组织或机构层面上，四季活动系统如同一个接口，把学校同家庭、社区组织或机构等联结起来，并在宏观的自然和社会层面上不断延伸，犹如滚雪球一样持续扩展。不同层面之间的相互联结与动态发展，构成了一种具有资源循环、相互依赖、适应和演化等特征的生态系统。

美国发展心理学家布朗芬布伦纳（U. Bronfenbrenner）最早提出了一个有关人类个体发展的生态学分析框架。其核心观点是，个体与环境必须被看作相互塑造的系统，每一方都随着时间而改变，且对另一方的改变进行反应。该生态学分析框架中最广为人知的部分是有关社会生态系统的四层次分析：（1）微观系统——发展中的个体所经历的一种活动、角色和人际关系模式，该个体处于具有特定物理和物质属性的一定情境中；（2）中间系统——发展中的个体所积极参与的两个或更多情境之间的相互关系（例如，就一个儿童而言，家庭、学校和邻里同伴群体之间的关系；对一位成人来说，家庭、工作和社会生活之间的关系）；（3）外部系统——不包含作为一位积极参与者的发展中个体的一个或更多情境，但是发生于其中的事件却影响或受到包含发展中个体的情境中的事件的影响；（4）宏观系统——在较低层次系统（微观、中间和外部）的形式和内容上存在的或可能存在的一致性，在亚文化或作为一个整体的文化层次上存在的一致性，以及这些一致性背后的任何信念系统或意识形态。①

该生态学分析框架中容易被忽视的是对人类个体发展的界定。布朗芬布

---

① BRONFENBRENNER U. The Ecology of Human Development：Experiments by Nature and Design[M]. Cambridge，Mass.：Harvard University Press，1979：22-26.

伦纳认为，人类个体发展是这样一个过程，由此成长中的个体获得一种有关生态环境的更加扩展的差异化和有效的概念，并且变得更有积极性和能够从事在形式和内容上相似或更具复杂性的层次上揭示其特性、保持或重构该种环境的活动。① 这种有关个体发展的界定实际上是对学习活动过程与结果的描述。发展的有效性产生于个体观念与活动中的改变能够迁移到其他情境中的时刻，而真正学习的核心就是能真正变化的能力。因此，有关人类个体发展的生态学分析框架也是有关学习活动的生态学分析框架。

这种学习活动的生态学分析框架已经被基于脑研究的学习科学所证实。"脑研究证实并确认，多元化的复杂而具体的经验对有意义学习和教学是基本的。最佳地使用人脑意味着利用脑的无限能力来创设联结——并且懂得什么条件能使这个过程达到最大化。就本质而言，学生是从他们正在经历的完整经验中展开学习的。在许多方面，内容及其情境脉络是不可分的。"② 教育者需要承认复杂经历的首要性以及把学习看作利用经验的艺术。由于学生从所有的经验中进行学习，所以学校不可能对他们的所有学习负责。那就是为什么家庭、社区、政治和社会机构的质量对人们学些什么和怎样学会起着重要作用。这种整体效果也证明了相互联系观念的现实意义。③

在"新基础教育"研究过程中，形成了同学习活动的生态学分析框架相契合的理论命题。"新基础教育"研究着力于学校管理、学科教学和综合活动三个相互联系的具体领域，旨在通过理论与实践的交互作用推动基础教育学校的整体性变革。在"新基础教育"研究和"生命·实践"教育学派发展过程中，教育与社会、学校与社区、学生工作与学科教学的关系作为理论命

---

① BRONFENBRENNER U. The Ecology of Human Development：Experiments by Nature and Design[M]. Cambridge，Mass.：Harvard University Press，1979：27.
② 凯恩 R，凯恩 G. 创设联结：教学与人脑[M]. 吕林海，译. 上海：华东师范大学出版社，2004：5.
③ 同②：130.

题和实践策略不断被提出,并在"当代中国社会的教育责任""社会教育力的聚通与提升"等命题中得到持续深化探讨。其中,"社会教育力"是指社会所具有的教育力量。在当代,社会教育力可以从两个维度来把握:一是从内在构成上,可以区分为由教育系统内正规和非正规开展的教育活动所生成的"教育作用力",以及教育系统外其他各类社会系统进行的活动所内含的"教育影响力";二是从分析单位上,可以区分个体层面上的"个体教育力"和社会系统层面上的"系统教育力"。叶澜指出,"社会教育力"是一个新概念,提出此概念,是想以此作为重建有关"教育与社会"关系性质的着力点,进而阐明社会的教育责任研究、"社会教育力"的现状,以进一步寻求其发展指向。①

杜威认为,教育哲学必须解决的一个最重要的问题,就是要在非正规的和正规的、偶然的和有意识的教育形式之间保持恰当的平衡。一种是人们自觉地学得的知识,因为他们知道这是通过特殊的学习任务学会的,另一种是他们不自觉地学得的知识,因为他们通过和别人的交往,吸取他们的知识,养成自己的品性。避免这两种知识之间的割裂,成为发展专门的学校教育的一个越来越难以处理的任务。②孩子不仅是学校教育和家庭教育的承受者,还是学校教育和家庭教育的重要参与者。作为学校同家庭联系的中介,在发挥学校教育的长处、弥补家庭教育的缺憾方面,中小学生是不可忽视的力量。反之,在发挥家庭教育的长处、弥补学校教育的缺憾方面,中小学生也是不可忽视的力量。"新基础教育"研究把培养主动、健康发展的一代新人作为教育的共通价值取向,可以提出中小学生如何以自身的主动、健康发展带动周围同伴和师长主动、健康发展的课题。

每种学习活动都具有不可取代的价值,中小学教育相关者应尽可能为中

---

① 叶澜.终身教育视界:当代中国社会教育力的聚通与提升[J].中国教育科学,2016(3):42.
② 杜威.民主主义与教育[M].王承绪,译.北京:人民教育出版社,1990:10.

小学生创设学习时空转换的各种机会。以社区学习为例，杜威指出，虽然家庭和邻里组织存在不足，但是，它们永远是培养民众精神的首要组织，正是借助于家庭和邻里组织，公民性格得以稳步形成，公民特有的草根思想得以逐步确立。[①]换言之，民主必须始于公民的家园，而这个家园就是我们邻里的社区。因此，中小学生的社区参与和社区学习具有不可取代的教育价值。

在家校社合作过程中，社区场馆与组织代表是重要参与者。在儿童教育的诸多议题上，单靠家长或教师都难以胜任，需要家长、教师和相关社区场所与组织代表的协同和共同努力。当然，社区的范围不限于行政意义上的地理边界，而是一个富有弹性的区域概念，包含了各种可及的社会资源。社区范围的大小常常同出行工具的便捷程度正相关。以步行和自行车为主，社区则限于家庭和学校附近；以公共交通工具为主，社区则扩展至公交各站点附近。不可及的社会资源可以作为潜在的社区资源，而只有可及的社会资源才是现实的社区资源。

学校、家庭和社区是中小学生最为切近的生活场所，是他们学习和发展的最为体己的生态圈，是他们朝夕不可离的社会丛林。这个生态圈同较大的生态圈无法割离。学生的最为切近的生活、最为体己的生态圈或社会丛林，往往悬挂在较大的生态圈上。远游是进入其他人的社会丛林的方式，也是在较大的生态圈上游走的方式。通过远游，其他人的日常生活成为中小学生的非日常生活，他们也得以一窥较大的生态圈的奇异之处。

学生的学习活动常常也是沉浸和远离日常生活的往复过程。沉浸日常生活，可得知足常乐的安全感和确定性状态；远离日常生活，可得从家庭、学校和社区中解脱之感。沉浸与远离日常生活是中小学生学习活动的呼吸运动，也是其学习活动的聚变和裂变过程。

远游学习可以成为在校学习、在家学习和社区学习的新起点。相对于中

[①] 博克斯.公民治理：引领21世纪的美国社区[M].孙柏瑛，等译.北京：中国人民大学出版社，2012：5.

小学生的在校学习、在家学习和社区学习,远游学习既是对前者的扩展,也是对前者的检验。通过远游学习,学习时空得以转换,能够成为重新认识周遭日常学习的契机。如同自我认识同认识他人存在着互动关系一样,学生对远游学习的体验,可以丰富和转化为对在校学习、在家学习和社区学习的体验,反之亦然。

在四季活动系统中,每种学习活动都具有不可取代的价值,中小学教育相关者应为中小学生创设学习时空转换的各种机会,重视各种学习活动之间的联结质量,并发挥自身教育的优势和中小学生的能动性。就此而言,四季活动系统是"教天地人事,育生命自觉"的集中体现。

第五章　扎根生长：实践研究之美

> 在我的教育学研究生涯中，最能打动我的两个字是"生命"，最让我感到力量的词是"实践"。[①]

——叶澜

作为中国"生命·实践"教育学与"新基础教育"研究的创始人与持续领导者，叶澜的教育研究走的是一条理论与实践交互生成之路。理论是带着研究者实践体悟和体温的活理论，实践是饱含创造者理论深情和深思的活实践。叶澜认为："教育活动型存在"是教育研究的本源，"学校"是教育学人的家园，转型时代的中国教育学研究者需要在中国学校教育的"大地"上进行学术耕耘与"书写"。实践、学校教育实践在叶澜教育研究中的地位及其美学意蕴，前面已做了专题研究，本章在此基础上做整体意义上的探究。

有关叶澜教育实践研究的素材，集中在她本人的学术自述和集成之作《回归突破："生命·实践"教育学论纲》（以下简称《回归突破》）的"导论"以及"新基础教育"各阶

---

① 叶澜.从"冬虫"到"夏草"——"生命·实践"教育学派生成过程的个人式回望［A］//叶澜.方圆内论道：叶澜教育论文选.北京：中国人民大学出版社，2019：31.

段（包括：探索性、发展性、成型性、扎根研究和生态区建设）的研究总报告中。其中，叶澜的学术自述主要包括：《从"冬虫"到"夏草"——"生命·实践"教育学派生成过程的个人式回望》[①]《个人思想笔记式的15年研究回望》[②]《反思 学习 重建——十五年学术探索的回顾》[③]和《我的"基础教育"情结》[④]等。此外，更多资料散落在现场研讨、座谈和报告中，散落在全国"新基础教育"研究共生体各地各校，体现在合作研究者（包括教育领导、教研员、校长、教师、家长等）个体与团队的生命实践、教育实践中。

从美学意蕴的角度看，叶澜教育实践研究之美至少体现在三个方面。一是人事互化之美。"在成事中成人，以成人促成事"，这是叶澜实践研究的价值目标和原则，它源于对普通教育工作者及其日常生命实践——教育事业之平凡伟大的深情、敬意与切实成全，其背后是教育思想与现实转化中的人性之美、成长之美。二是水滴石穿的日常伟力之美。每一个真诚投入的研究者、实践者，在长程策略推进的研究性变革实践中，在日常累进的理论与实践交互转化中，越来越具有创造"学校新生活"的新思想与新思维。三是基于扎根内生又彼此深化内生的共生相长之美。人事互化、水滴石穿，积淀出更深更广的共生相长势态。它体现出教育实践的美与力量，也呈现出教育人"理性诗意"的精神面相。这是实践研究积累到一定阶段后产生的生态群落式生长之美。

---

① 叶澜.从"冬虫"到"夏草"——"生命·实践"教育学派生成过程的个人式回望[A]//叶澜.方圆内论道：叶澜教育论文选.北京：中国人民大学出版社，2019：3-31.
② 叶澜.个人思想笔记式的15年研究回望[A]//叶澜.方圆内论道：叶澜教育论文选.北京：中国人民大学出版社，2019：32-84.
③ 叶澜.反思 学习 重建——十五年学术探索的回顾[J].天津市教科院学报，2000（4）.后辑入《叶澜自选文集》（内部资料）.
④ 叶澜.我的"基础教育"情结[A]//叶澜.俯仰间会悟：叶澜随笔读思录.北京：中国人民大学出版社，2019：101-104.

一、人事互化

叶澜坦言：自己是幸福的，因为生逢大时代，因为有着深深的"基础教育"情结[①]。这情结早在儿时即萌生于她的心田，从心底亲近、敬爱中小学教师，并影响其一生的志业选择；这情结在"大时代"的转型中生发，切身体悟教育理想、理论与实践及其变革的复杂关系，理解、敬重基础教育工作者朴实又独特的实践智慧；这情结在"新基础教育"研究中不断深化，逐渐凝练成基于情结、饱含情怀的教育智慧与信念。这让叶澜的教育实践研究充满深情与思想，是为了人、通过人的人人交互与人事互化，是真诚、清醒的自觉创造。

（一）深情自觉的责任担当

1. 心有情结的深情投入

关注每一位普通教师的尊严与幸福，关心每一个学生的主动健康成长，重视每一天的日常实践对于生命成长的意义与价值，是叶澜从基础教育情结里生出的价值取向和实践原则，这构成了她实践研究的底色：发自内心、深情珍爱。

早在1990年之前，叶澜即在亲身体验中，心怀基础教育情结、草根情结，关注实践智慧的独特及其与理论之间的关系。1991年，她正式组建团队与学校合作开展课题研究——"基础教育与学生自我教育能力发展"，以实地介入的方式，探索教育理论与实践的关系问题，探索当代中国基础教育改革问题，初步感受教育研究"上天入地"的现实可行性。

叶澜在合作研究中被教育工作者的实践智慧打动，也被学生们的发展潜

[①] 叶澜.我的"基础教育"情结［A］//叶澜.俯仰间会悟：叶澜随笔读思录.北京：中国人民大学出版社，2019：104.

力和主动性打动。这项研究使她真切感受到儿童发展的巨大潜力，从此不再相信学校教育质量的生源决定论。①对师生生命发展内在需求及其潜能的信任与现实开发，成为叶澜实践研究"成人"的主旋律。主动健康发展的理想新人、师生的生命活力、教师的职业尊严与欢乐、学生立场、成人成事等提法及其内涵，在持续深化的实践研究中不断清晰、明确。"我把该研究看作蕴藏在心中几十年的基础教育情结破土而出的第一片新叶。"②这片"情结"生发出的"新叶"，可称"前'新基础教育'研究"。

在此基础上，1994年正式开始的"新基础教育"研究紧随其后，持续数十年，创建了一批当代中国新型学校，开创了一片教育新天地，成长了一批心有"教育梦"、清醒的"教育人"，也改变了合作学校原有的生源决定论，教师发展水平、学生综合评价水平等稳步提升。

1997年，为集中精力带领团队做好"新基础教育"，形成教育思想，成就教育学大业，叶澜主动从华东师范大学副校长的位置上退下来，"这是一种唯有退了才能更好的进，'进'与'退'是两条不同道路的选择"③，她在日记中如是写道。此后，她主动从各种职位上退下来，唯一不退反而不断进取、自我超越的是做"新基础教育"研究和创"生命·实践"教育学派。

在深情投入的"新基础教育"学校整体转型变革研究中，她尊重、读懂学校与教师，努力创建新型学校，让学校成为活的"生命场"，让教师成为懂教育、做教育的真人。叶澜说，提升学校的生命质感，是变革的内在核心。④

---

① 叶澜.个人思想笔记式的15年研究回望［A］//叶澜.方圆内论道：叶澜教育论文选.北京：中国人民大学出版社，2019：36.

② 叶澜.我的"基础教育"情结［A］//叶澜.俯仰间会悟：叶澜随笔读思录.北京：中国人民大学出版社，2019：103.

③ 叶澜.进与退［A］//叶澜.俯仰间会悟：叶澜随笔读思录.北京：中国人民大学出版社，2019：5.

④ 叶澜."新基础教育"内生力的深度解读［A］//叶澜.变革中生成：叶澜教育报告集.北京：中国人民大学出版社，2019：239.

做转型性变革，必须读懂教师。叶澜在实践研究中体悟到："千百万教师的改变才是教育改革成功的最根本的决定因素。"[1]"读懂教师，是我们20年来一直花力气做的事情，所以我们坚持进学校必进课堂，必与相关教师交流、座谈。我们不大开会，但是经常围绕课、围绕学校发展，和教研组教师、中层领导进行研讨，花力气真正读懂教师。只有真正读懂，才能真正知道该如何更好地促进、帮助教师与我们一起朝前走"[2]，"新基础教育"研究团队不大面对媒体，但是经常到学校、进班级，和校长、教师们一起，针对具体发展状态进行研讨。

叶澜认为：教师在与变革的关系上，不是上级规定的执行者、他人经验的照搬者、变革实践的操作者，而是有思想的实践者、有发现的研究者、有创生能力的变革者[3]。她不仅视中小学教师为难能可贵的合作者，而且视之为"我的老师"。

> 是他们，为我和其他华东师大"新基础教育"研究中心[4]的老师们，提供了可以长期、经常出入、共同耕耘的教育研究"学校田野"。让我们这些其实并不太懂中小学内在架构、运行规则、上上下下复杂关系的所谓"专家"，看到了一个更真实、生动的教育世界，闻到了学校泥土的芳香，看到了校长的忙碌和教师的辛苦，看到了许多无奈但尚可改变的天地。校长心中有事业，教师心中有爱，他们每天面对着数以百千计的少年儿童和一群群家长的渴望。教育的良心——对人、对儿童、对未来、对民族的大爱，在学校里才能真真切切地感受到。是他们

---

[1] 叶澜个人思想笔记式的15年研究回望[A]//叶澜.方圆内论道：叶澜教育论文选.北京：中国人民大学出版社，2019：38.

[2] 叶澜."新基础教育"内生力的深度解读[A]//叶澜.变革中生成：叶澜教育报告集.北京：中国人民大学出版社，2019：240.

[3] 同[2]：241.

[4] 该"中心"后更名为"生命·实践"教育学研究院。

教我读懂了教育的良心，读懂了教育改革的根本希望在学校，从而更加坚信：凡不在乎学校、不关切师生真实生命存在与发展的教育改革，都难以取得最终真实的成效。正是这种支持和读懂，使我们有了坚持走自己走出的路的决心和信心。①

多年合作，广大教师已习惯于亲切地称这位大学终身教授为"叶老师"。大家拥有一个共同的名字："老师"；大家拥有一份共同的事业："教育"。

2. 清醒自觉的责任担当

如果说真正的哲学是"时代精神的精华"，那么真正的教育则既反映时代精神，也实现和提升时代精神。"教育是社会的号角，教育应该走在时代前列"。②叶澜有非常敏锐的时代自觉，她经常提醒团队成员不要辜负大时代。

改革开放之初的中国，思想解放、八方来风，学术研究苏醒。叶澜运用系统思维，重建了影响人发展的诸因素及其与发展主体的动态关系、教育价值取向与两大功能关系等教育基本理论论题③，提出了加强教育学科"自我意识""上天入地"④等教育学元研究命题。直面20世纪90年代市场经济大潮对学校教育的冲击，她阅读、反思，清晰提炼出"时代精神"及其对教育改革与发展的挑战和机遇，构建了新时期的教育理想、新人形象⑤。

---

① 叶澜.策划者自白：他们是我的老师［A］//叶澜.俯仰间会悟：叶澜随笔读思录.北京：中国人民大学出版社，2019：152.

② 叶澜于2019年12月18日在江苏常州举行的闵行、常州两地"新基础教育"20周年纪念会上的报告《双重转型、交互创生的研究；学术生命、自我成长的实现》（内部资料）摘录。

③ 叶澜.论影响人发展的诸因素及其与发展主体的动态关系［A］//叶澜.方圆内论道：叶澜教育论文选.北京：中国人民大学出版社，2019：87-103.

④ 叶澜.关于加强教育科学"自我意识"的思考［A］//叶澜.方圆内论道：叶澜教育论文选.北京：中国人民大学出版社，2019：244-254.

⑤ 叶澜.时代精神与新教育理想的构建：关于我国基础教育改革的跨世纪思考［A］//叶澜.方圆内论道：叶澜教育论文选.北京：中国人民大学出版社，2019：319-328.

> 呼唤人的主体精神，是时代精神中最核心的内容……主体精神的问题已从哲学界的沙龙中、思想家的头脑中走出来，走向真实进行着改革的社会经济主战场，走向社会实践的各个领域，走进想在改革中求生存、求发展的每一个人的头脑中，并通过他们的实践行为实实在在地表现出来。正是从这个意义上，我们说，一个呼唤人的主体精神的时代已经真实地到来了。这个时代需要能在多样、变幻的社会风浪中把握自己命运、保持自己追求的人，需要靠这样的新人来创造未来。于是，培养新人的任务就历史性地落到跨世纪的教育工作者身上。[①]

"读懂时代"唤醒了叶澜投身教育改革研究的自觉。她在理论适度先行、整体根本清晰的基础上，带领团队深度介入当代中国学校的整体转型变革之中。自此，自觉担当，以自己的生命实践创造性地实现自己提出的"上天入地"论，清醒执着，率队行走在理论与实践交互生成的"新基础教育"研究之路上。

诞生在当代中国社会转型中的"新基础教育"研究，以《时代精神与新教育理想的构建——关于我国基础教育改革的跨世纪思考》为启动号角，一开始就有较高的理论起点，自觉担当大时代的历史使命和责任。培养新时代的"理想新人"需要新型教师，由此，"新基础教育"研究确立了"成人成事"的价值取向和原则策略，回到教育本身，认清转型变革的内在规定，不求速效，不急功近利做教育，不以运动、号召的方式做改革，而是静心从容地在日常的研究性变革实践中，理论与实践交互生成，在求真、成善的日积月累中发展人、做成事。

"新基础教育"创造了一系列"新"，包括新的教育价值观、学生观、教学过程内在逻辑、教师发展路径、教育研究方式等，这些"新"源于"新时

---

① 叶澜.时代精神与新教育理想的构建——关于我国基础教育改革的跨世纪思考[A]//叶澜.方圆内论道：叶澜教育论文选.北京：中国人民大学出版社，2019：321.

代",并与大时代和大时代里的教育变革实践、教育学建设大业联系在一起。

2018年5月12日,叶澜在全国"新基础教育"研究第十次共生体会议上,再次直面时代发展的机遇与挑战,解读中国改革开放的"新时期"和"新基础教育"研究的"新时期",提出"新时期'新基础教育'再出发"的总纲:深化"新基础教育"三大领域研究,提升品质,创造学校新生活,强化合作校成长的标志性研究。她再三强调:我们生逢大时代,不要做大时代里的糊涂人,教育工作者做的是面向未来的事业,要做大时代里的清醒者。[1]

时代的清醒、志业的担当、深情的投入,多维综合,叶澜率队走出了一条在中国学校教育实践大地上创造教育新世界和教育学新篇章的研究转型之路。

多年以后,叶澜教授依然满怀深情地说:

> 这项研究可能根本引不起注意,更不可能影响整个中国基础教育发展的走向。我的目的只在于去探索一条中国基础教育改革的新路,去形成新的理论,去和愿意参与这项研究的人一起改变学校实践,并改变参与这一实践中的人——从校长、教师到学生的生存状态,并借此证明只要头脑清醒和切实行动,理想可以逐渐变为现实,每个人都能做一些有意义,有助于社会进步和自身发展的事。社会的发展进步需要多层面的共时推进,制度体制改革不能代替个人的内在变化,反之亦然。任何强调一方、否定另一方的认识不仅是偏颇且是无意义乃至有害的。我愿意将自己人生中的一段生命历程,化为时代大变革的交响曲中一个欢快跳动着的音符;我愿意这项研究的效果化在参与者的生命中并对他们此后的人生产生积极影响,成为一生中不能忘怀的一章;我愿意让历史来鉴定,这究竟是一场梦,还是当代中国教育学和教育发展中有意义的组成。

---

[1] 叶澜. 新时期"新基础教育"研究再出发[A]//叶澜. 变革中生成:叶澜教育报告集. 北京:中国人民大学出版社,2019:248-262.

正是有了这份从容,我和我的同伴们才能定心静气地坚持15年做自在的研究,发自己的声音,在自己认准的道路上脚踏实地地坚定行走。[①]

美是人的本质力量的对象化,人按照美的规律造就自身,在此意义上,培养人的教育事业以及探究育人规律、指向"时代新人"培养的教育研究,充满了人类自我更新创造的力与美。将教育本身之所是和时代精神之所求自觉综合起来的"新基础教育"研究,在诞生之初即有清醒的研究使命和责任担当,是有目的、合规律的自由创造。

(二)真诚智慧的扎根转化

叶澜的教育实践研究采取"主动深度介入"的研究方式,通过日常实践与节点交流相结合等策略,持续推进、实现学校整体转型性变革之事,实现校长、教师和学生在变革实践中的发展与成长。据2014年"新基础教育"申报全国基础教育教学成果奖的数据显示,叶澜及研究团队成员进学校现场研讨的数量在当时已逾3万节。她扎根实践、转化生成的研究作风已逐渐积淀为团队的研究传统。

1. 真诚智慧的合作

合作者常常被叶澜及团队成员的"真研究"精神打动。初次接触"新基础教育"的人,常常首先被叶澜真诚的研究精神所感动。做了多年"新基础教育"研究的校长、教师们,曾深有体会地分析"新基础教育"与其他研究的不同之处。如,有的研究强调给学校带来名气,给校长脸上贴金,重视的是开题、中期展示和结题活动,通过轰轰烈烈的活动造声势、造影响,以此给学校、给校长扬名;而"新基础教育"真心实意只为师生健康主动发展而

[①] 叶澜.个人思想笔记式的15年研究回望[A]//叶澜.方圆内论道:叶澜教育论文选.北京:中国人民大学出版社,2019:45.

做，所以更注重日常实践研究，当然，也会放大节点事件的效应，但目的是为了会聚研究资源、过程推进，所以"新基础教育"研究活动不叫公开课，而叫研讨课，不是观摩、展示，而是现场研讨。又如，有的研究只注重理论的指导和引领，多以报告、讲座的方式，很少有研究人员持续深入课堂，深入班队活动，深入学校具体的领导与管理之中，但"新基础教育"研究人员恰恰持续深度介入学校三大领域，进课堂听课，参与班队活动，通过高频现场研讨、座谈、访谈等推进学校整体改革。"新基础教育"直面研究过程中遇到的新问题，每个阶段都有阶段式的变革推进策略和主题，不断解决新问题，不断提炼新经验，随变革实践的展开，及时创生一系列研究制度、机制。就学校而言，从课堂教学和班级建设的变革开始，不断推进到组织制度的变革，推进到教师考核评价的完善以及学校运行机制的重建等。研究的持续推进，不断向校长、教师提出新的发展目标，校长和教师也会在过程中不断创生出很多新的目标与追求。因此，"新基础教育"一直在向前推进，是对学校和人的持久变革，特别关注人的变化和发展，关注学生和教师的生存与发展，在研究过程中引领校长、教师和学生不断挑战和突破自己[1]。校长、教师们真实而持久的成长变化，朴素而深刻的比较和评价，既是"成人成事"的体现，也呈现出"新基础教育"研究成人之美的力量。

  叶澜的教育研究是真诚的，又是充满智慧的。她在"新基础教育"策划阶段即自觉意识到："新基础教育"是转型时代的教育转型、学校整体转型性变革研究，它有需要、有目标，但没有现成的理论和做法，这需要在具体的变革实践中创生，因此必须走理论与实践交互创生的道路。理论适度先行，"主动深度介入"实践，在学校实地贴住教师真实的教育教学生活，高频现场研讨，通过"日常研究性变革实践"实现师生发展、学校变革。为此，"新基础教育"建立了自己的研究制度。研究之初，大学研究者主动与

---

[1] 叶澜. 深度访谈：读懂创造教育新天地的人们——叶澜与"生命·实践"教育学合作校部分校长访谈录[M]. 福州：福建教育出版社，2014.

合作的试验学校负责人共同研讨，制订出研究总策划。每学期，教师制订研究计划，写出研究小结，在学期开始和结束时与大学研究人员交流讨论。研究人员每周定期到试验学校，进班级，听说评课、看班队活动，讨论课堂教学与班级建设，有针对性地提出下一周的研究推进计划。假期里，大学研究人员做出研究总结，提出下个学期的研究计划。研究者和实践者既有独立思考和研究任务，又保持定期高频的合作交流。大中小学主体之间为了共同目标，常态化地交流研讨、相互影响。大学研究者亲历真实的变革过程，逐渐学会换位思考，提高与实践工作者对话的能力和效益，提高做出综合判断、提出重建建议和策划方案的能力，对教师及时给出富有针对性、启发性和具有指导价值的点拨与建议。这让理论研究越来越有实践底气，也使教育实践越来越有理论新内涵。

研究推进一个阶段，达到一定水平后，策划、举行为期一年或半年的各层面各领域负责人研修班，如校长研修班、中层研修班、各学科和班主任研修班等，通过节点式研修的转化和强化，提炼、放大"成人成事"的研究成果，将主体之间的合作力有意识地转化为多元主体的内生力，提升本土的变革领导力，提升学校的校本化变革自觉与创造智慧。从长时段看，整个研究过程呈现出日常积淀与节点绽放交互转化、涌动前行的发展节律之美。

2. 人事互化之路

深情担当，智慧转化的"新基础教育"人，秉持"在成事中成人，以成人促成事"的"成人成事"原则，持续前行20余年，走出了独特的人事互化之路。

> 我们一开始就把"成人成事"作为目标，而且把成人成事关联起来思考："成人"是在"成事"的过程中实现的；成长起来的人又能更好地促进转型变革大业的实现。"内生力"首先要清楚地知道"成人

成事",不能只有事没有人,也不能只想成为怎样的人,却不去做事。"新基础"是做出来的,不是唱出来的,也不是写出来的,而是在实践中一步一步成长起来的。"成人成事"是我们在研究过程中一直没有忘记的目标。①

为创造性地实现研究目标,叶澜带领研究团队秉持"真研究"精神:"真心"求教育发展得更好,为中国的未来、每个孩子的幸福人生、教育中每个人的人格尊严和职业幸福而倾心努力;"相互真诚",不把任何人当工具,只为他人和自我都变得更美好而真诚合作;直面"真问题","发现问题就是发现发展空间",彼此开放心态、积极反思重建;实实在在"真实做",大中小学持续高频现场研讨,共同创造,结成饱含生命体验的研究共生体②。20余年深度合作,"新基础人"从"知难而上,执着追求"始,最终使"实践反思,自我更新"成为新习惯;从"价值提升,重心下移"始,累进式构建"综合融通,自我超越"的新生活。

在研究初始阶段,叶澜强调"校长负责—骨干先行"。校长作为学校整体转型的第一责任人,自愿变革,主动带头学习—实践,负责校本变革发展研究总规划的制订、研讨、修订。在此过程中,启发、凝聚人心,在学校层面创造性地运用"长程策划—阶段推进"等策略,以基本课型和典型活动为载体,发现、培养各领域的新型教师和骨干班主任。与此同时,以班级为单位,选准骨干、开放合作、主动学习、大胆实践,直面需要变革的问题,在高频合作的现场研讨中,开放心态,认真学习—实践—反思—重建,骨干率先在日常的研究性变革实践中经受"捉虫"的艰难,亲历"'喔'效应"的

---

① 叶澜."新基础教育"内生力的深度解读[A]//叶澜.变革中生成:叶澜教育报告集.北京:中国人民大学出版社,2019:236.
② 叶澜于2019年12月18日在江苏常州举行的闵行、常州两地"新基础教育"20周年纪念会上的报告《双重转型、交互创生的研究;学术生命、自我成长的实现》(内部资料)摘录。

欣喜，先行蜕变，成为学校变革的核心内生力量，使学校教育教学的"家园"土壤松动、种子萌发。然后，阶段总结、梳理、交流、反思、再策划，为后续推进积蓄力量，继续更好地走向新阶段。

在此基础上，有意识地提炼"成事"背后的"事理"，放大骨干"成人成事"的变革研究经验，以其研究性创造与成长来辐射、引领更多教师投身变革实践。逐步推进学校组织、制度、机制与文化的更新建设，从借外力到生内力，促进学校自觉变革发展，更新师生生存方式。从个体到团队，"团队合作、共同创造"；从团队到异域，"综合融通，主动创造"，创生丰富的学术型研究组织和团队，让更多人直至每个人的创造活力焕发出来并相互激荡，生发出"学校生命场""教育新生活"的独特魅力与融通成长之美。如上海市闵行区第四中学，原来因地区发展重心转移、多校多次合并、生源与骨干教师不断流失等导致办学实力薄弱，现在经持续推进的"新基础教育"学校变革研究，已创建成为全国首批"生命·实践"教育学合作研究校，上海市首批新优质学校，首轮获评上海市文明校园。在市区测评中，"教师发展"维度连续数年居区同类学校之首，"学生学业质量"绿色指数中的个体间均衡指数、学习动力指数、师生关系指数等均居前列，学生学业成绩标准达成指数、对学校的认同指数则达最高等级。闵行四中已成为学生喜爱、百姓信赖的"家门口的好学校"，学校的"自育"文化不仅融化于校内时时处处事事人人，而且拓展影响到家庭、社区建设，焕发出作为文化中心的当代学校新风采。

叶澜带领研究团队真诚努力、智慧扎根，走出了理论与实践交互生成、成人与成事交相促进的变革之路，体现出"水滴石穿"的智慧力量，也呈现出情理互化的"理性诗意"之精神风貌。

二、水滴石穿

成人成事，不是一蹴而就的，而是"知难而上、执着追求"直至"自我更新"的蜕变过程，是具有一定冲击力且须日常持续的"水滴石穿"之积累渐进过程。在实践研究中，叶澜带领团队高频现场研讨，贴牢现实，读懂发展中的阶段性瓶颈问题，提出可以努力做到的重建建议，提出了"'捉虫'与'喔'效应""发现问题就是发现发展空间"等形象、温暖又励志的话语，创造了价值提升—重心下移、教学结构—运用结构、三放三收、有向开放—交互反馈—集聚生成等生动又深刻的原则和做法，教师在更新教育教学价值观的同时，更新了思维、行为和生存方式。从骨干先行、强化内生，到梯队建设、整体发展，再到日常累进、叠态发展，最后走向追求境界，不断自我超越。在清晰、有节律的推进之路上，创生出一系列内含价值取向和思维之美的策略系统，呈现出实践推进过程的智慧之力与节律之美。

（一）长程策划与阶段推进

叶澜提出，教育研究属"事理研究"，其活的源泉是教育实践，其研究方法是哲学、科学与艺术的综合体[①]。以"新基础教育"为代表的叶澜实践研究，是教育学研究者直面现实挑战，自觉运用复杂思维，执着、智慧地创生出来的。它呈现出理论与实践交互生成、长程策划与阶段推进相结合、共生与内生不断转化的变革推进节律。

1994年5月，上海市外高桥保税区实验小学为了自身发展，来华东师范大学教育学系寻求合作。前期积淀、时代觉醒与学校发展需求等结合在一起，双方很快达成合作意愿，开启了"新基础教育"探索性研究。当年6月底，叶澜带领华东师大课题组成员来到外高桥保税区实验小学，与校长讨论下学期开学即将实施的试验方案等。讨论到下午5点仍在继续，直到有人提醒：再不走，出租车也难叫了（1990年上海浦东正式开发开放，当时很多方面远没有市区好），大家才暂停讨论。返回市区后，大家先到一家小店吃

---

① 叶澜.教育研究方法论初探[M].上海：上海教育出版社，1999.

冷面抵饥,然后直奔外高桥保税区实验小学校长原来工作的上海市实验小学,继续讨论。当时上海市实验小学办公室都已关门,门卫只有校医务室的钥匙,于是大家就在不到10平方米的校医务室,找了六只小凳围圈而坐,讨论到晚上9点左右,确定了"新基础教育"研究的第一个具体行动方案,它的诞生,没有像样的会议桌,没有领导人讲话,没有听众和掌声,有的只是真诚、踏实的合作。不重形式,极重内涵,把形式降到最低,把内涵做到最大,这是"新基础教育"启动伊始的作风,它积淀成为"新基础教育"研究风格。

暑假后开学做的事,负责人提前统筹策划,内部先研讨,让研究团队各个层面有关人员提前形成清晰的共识,每个人在放假前明确总体方案和各自任务,这是"新基础教育"研究推进策略之一:整体策划与阶段实施相结合,也是叶澜做教育研究的学术习惯:自己先从理论上整体想明白,知道想做什么、可以做什么、怎么做,使研究具有存在价值,然后去策划总的研究方案,明确研究性质、项目内容、研究方法论与开展方式、推进阶段和预期成果等。与之相应,学校形成校本长程策划与阶段实施的实践推进策略,教师形成实践研究与自我发展的规划。这是一个多层面理实转化、成人成事的综合转化过程。

合作伊始,叶澜与团队讨论形成研究"总方案"和"理论纲要",确保研究过程既有整体的长程策划又有具体的过程生成。

总方案的诞生,体现出叶澜实践研究的真诚担当与策略智慧。

此后,"新基础教育"各研究阶段,都在正式开展之前,先做整体的长程策划,反复研讨、修订,促进校本学习研讨,凝聚变革力量。负责人先带头想清楚,然后各层面互动、研讨、形成共识,合作共进,这形成了"及时反馈与定期交流相结合"的推进策略,也蕴含着"团队合作、共同创造"的研究精神。

整体、长程策划的蓝图不能停留于说和写、存档或上墙,而是要通过具体创生的阶段推进,将其实实在在转化为现实,又在转化过程中调整改进新蓝图。以"新基础教育"成型性研究（2004—2009年）阶段为例，可以看出策略推进中的力与美。

成型性研究包括四个阶段。

（1）准备与整体策划阶段（2004年5月—2005年1月）。逾半年时间。主要内容：确定目标，选择实践研究的基地学校，整体策划（包括课题组层面的总策划、各基地学校的5年研究总策划）。其中，课题组的总策划在暑假反复讨论形成，然后在9月初的校长会上进行解读，各校开始制订本校的总策划，到12月底，各校完成第三稿，进行第四次研讨。

> 正是"成型性"研究的第一学期，在规划的反复修订过程中，各基地校迈出了重要的、具有整体意义的、通过"成事"促进"成人"的、步子大小不同的第一步。成型性研究基地校共同体的相互学习、切磋研讨的氛围也在此过程中形成。特别值得一提的是各校在规划第三稿中，都已基本形成了对学校办学理念和学校文化特征的概括，在他们的规划中，不再出现把学校某一方面的优势（或体育，或艺术，或学科）称作自己学校特色的提法，反映出领导对学校文化建设认识的提高。随后的学校发展表明这一突破是重要的，它使学校在原有的基础上，有意识地培育自己的精神特质和风貌。①

（2）形态初建阶段（2005年1月—2007年1月）。两年时间。主要内容：领导与管理领域的学校组织调整与制度重建，组织、启动"新基础教育"指导纲要②研究，按照"全、实、深"的要求开展中期评估。其中，"中期评

---

① 叶澜.在现实中携手走出建设新型学校的创业之路［A］//叶澜."新基础教育"成型性研究报告集.桂林：广西师范大学出版社，2009：6.

② "指导纲要"共6本，在2009年由广西师范大学出版社初版；其中4本，在2014年由福建教育出版社修订出版。

估"活动,首先在2005年12月底的校长总结交流会上,由课题组在2006年的整体策划中提上研究日程。在2006年3月初的校长研讨会上,进一步提出中期评估的三种记分方式:各学期日常评分全程累计、进步指数和现场集中评估。以"中期评估"为节点促进学校落实"全、实、深"。在当年6月底的学期总结交流会上,叶澜代表课题组做专题报告《以中期评估为核心工作,将基地学校建设推向新阶段》,系统阐述评估的目的、原则、组织方式、主要项目和要求。当年暑假,课题组反复讨论形成整体的评估方案和指标,各校完成自评总报告、专题报告和相关表格等。在9月的校长研讨会上,课题组对评估方案做解读报告,各校结合日常工作进行试评估,完善评估方案和指标。9月26日—10月24日,完成了第一批7所学校的中期评估,包括自评报告答辩和学校现场评估。评估组形成了对各校的总评意见和发展建议,各校也在多个层面做了自我反思与总结。12月,在区层面对中期评估进行总结和表彰。"中期评估在感受发展和明确目标的双重振奋中,开始了第二阶段向第三阶段的转换。"[①]它产生于研究推进过程,又促进了实践研究的阶段推进。

(3)打造"精品"阶段(2007年1月—2008年12月)。用时近两年。其中,2007年是一个"转折年",主要用于消化中期评估的成果、经验,针对评估过程中发现的问题,修订发展规划,进一步做好"全、实、深"。开展第二批学校的中期评估。2008年是成型性研究的最后一年,开展了两大节点活动:一是实地"普查"和中学诊断性调研;二是"精品"现场研讨。用时各半年左右。其中,"精品"研讨标志着新型学校的创建初步完成。

各承办校都对这一天留下了深深的美好印象。虽然放弃了休息天,虽然有点累,但确实因收获与奉献而快乐着。通过"精品课",我们自

---

① 叶澜.在现实中携手走出建设新型学校的创业之路[A]//叶澜."新基础教育"成型性研究报告集.桂林:广西师范大学出版社,2009:13.

信:"成型性"研究可以告一段落了。尽管一切远未精美,但在我们的共同努力下,它已经有自己独特的"型"了。①

(4)全面总结阶段(2009年1月—2009年5月)。用时近半年。在1月初的校长总结交流会上,对最后阶段的工作进行策划。课题组完成研究、结题,各校借助结题做最后冲刺,强化新形态,提升成型后的校本变革自觉。

五年的成型性研究,长程、整体策划在先,阶段有序推进,通过研制规划、中期评估、普查、精品等节点活动,以半年、两年、两年、半年的节律推进变革研究,使新形态从蓝图到初成,经巩固走向校本持续自觉。在此成型之路上,研究者、实践者也经历着思想与行为的蜕变,走出了一条独特的"心路历程"②。

回顾研究历程,叶澜说:"我们遇到过不少困难与挫折,可以庆幸的是没有放弃,虽有点痛,但亦乐;我们还远未做到期望的善与美,然而新学校的形态与活力都已显现,虽有点粗,但已明;我们走出的路绝非通衢大道,却结结实实地留满了行者为理想用全身心踏出的脚印,虽有些乱,但很真。"③

(二)日常研讨与节点蜕变

"水滴石穿"的精神在于目标坚定,相信日常伟力,扎实地日常努力、持续用功。"只有坚持日常,才有真实、内在的成长。"④"脚印"是一步步踏出来的,"路"是一步步走出来的,叶澜实践研究是在一次次现场研讨与阶

---

① 叶澜.在现实中携手走出建设新型学校的创业之路[A]//叶澜."新基础教育"成型性研究报告集.桂林:广西师范大学出版社,2009:18.
② 叶澜,李政涛,等."新基础教育"研究史[M].北京:教育科学出版社,2010.
③ 同①:1.
④ 叶澜."新基础教育"内生力的深度解读[A]//叶澜.变革中生成:叶澜教育报告集.北京:中国人民大学出版社,2019:245.

段总结提炼中创生出来的。

现任华东师大基础教育改革与发展研究所所长、"生命·实践"教育学研究院院长李政涛曾发文记录叶澜在"新基础教育"研究中的一份日程安排，从中可管窥其日常研讨状态，摘录如下：

▲2003年9月21日

下午

14：35 飞往山东济南，在飞机上与课题组成员交换意见，批阅材料。

15：50 抵达济南，随即赶往淄博市临淄区，车程约1.5小时。

17：30 抵达临淄区（该区是当时"新基础教育"六个推广区之一）。

晚上

18：00—19：00 晚餐。

19：10—22：12 主持与六所试验学校校长的座谈会，研讨结题报告。

22：20—23：05 召集课题组开会，商量本次现场研讨活动的具体安排。

▲2003年9月22日

上午

7：00 早餐。

7：30 赶赴第一所试验学校听课。连听3节。课间与听课或上课老师交谈。或走访教室，查看教室墙面设计与布置，与学生交谈。

11：00—12：15 召集任课教师、教研员、课题组成员研讨，说课、评课。做总结发言25分钟。

中午

12：25—13：00 午餐。

下午

13：25 赶往第二所试验学校。听课2节。

15：45—17：50 说课、评课，做总结发言50分钟。

晚上

18：00—18：40 晚餐。

19：00—22：00 组织教师座谈会。

22：00—22：30 召集课题组成员汇总情况。

▲2003年9月23日（安排与昨日基本相同）

▲2003年9月24日

上午：同临淄区教育局有关领导、部分校长座谈，研讨2004年结题工作。

下午：13：30—16：00 赶往第五所试验学校，听课、评课。之后，赴济南机场。约晚上21：00到家。

在此次日常研讨中，叶澜连续三天"几乎没有空隙"，回家后第二天的下午1点又继续出发，赶往江苏省常州市的试验学校进行现场研讨。这样密集的合作研讨偶一为之，也许不难，但它是叶澜20余年实践研究的常态。这样的常态对一般年轻人也是挑战，而当时，叶澜已年过六旬。她以身示范的研究作风逐渐积淀成为团队的研究传统，化到团队成员身上，成为团队成员的新常态。研究团队里当年的"博士们"很多已成为博导，职务身份发生变化，不变的是对变革实践研究的投入与担当。大家在承担大学教学、科研任务的同时，坚持做大中小学合作的学校变革实践研究，如此繁忙，不为别的，只为中国基础教育与教育学的"明天"变得更美好。

在日常的现场研讨中，叶澜特别强调读懂课堂、读懂师生，透析行为背后的观念和思维问题，进而提出可行的重建建议，促使理论与实践在主体间和主体内不断转化。她结合自己的研究体悟，强调指出：在个体实践的意义上，不存在脱离个人内在理论的实践；反之，也不存在与个人实践无关的内在理论；个体内在理论与每个人的工作、生活息息相关，个体内在理论需要通过个体的各种实践实现转化、更新；教育及其改革发展的真正实现和持续保障之根本，在于千万教师自身的理论与实践交互转化、更新发展①。叶澜非常看重"个人"和"过程"两个维度在理论与实践转化生成中的重要性。

叶澜进学校，必看课（或班队活动）、开座谈、现场研讨，结合学校师生的发展状态进行对话、点拨。"新基础教育"第一批骨干至今仍清晰记得叶澜首次来听她的课并现场研讨的情景：

> 听说叶澜教授要来校听课，我好几天坐立不安，怕课的设计不符合新的理念，怕自己在课堂上不够机智，怕我的紧张会带动学生的紧张……
>
> 那一天，叶老师来了，她坐在教室的左前方，来听我执教《爬山虎的脚》。看着叶老师亲切的笑容，我心中的紧张和不安顿时消失了，全身心投入教学。课后，叶老师诚恳地提出了我在课堂上的问题，并耐心地予以指导。此时，我看到了自己在目标设计具体性上的弊端：缺乏具体性，过多依赖教学参考，没有关注班级学生状态和发展需求；缺乏整体性，只落在一堂课上，没有把整个单元甚至整册教材的目标进行整合，形成序列渐进性的梯队目标等。
>
> "教学目标的制定要满足学生成长的需求。"叶老师的话点醒了我：教学目标是一堂课的灵魂，它制定得适切与否，决定着一堂课的教学质量。之后在制订目标时，我开始更多地关注学生、关注教材、关注年段、关注整体，着眼于学生语文能力的切实培养。叶老师的亲自指导，让我找到了课堂目标，而且找到了教学目标，更重要的是找到了教师的发展目标。②

---

① 叶澜.思维在断裂处穿行——教育理论与教育实践关系的再寻找［A］//叶澜.方圆内论道：叶澜教育论文选.北京：中国人民大学出版社，2019：272-280.
② 沈梅.难忘风雨同行者［A］//叶澜，李政涛，等."新基础教育"研究史.北京：教育科学出版社，2010：512-513.

改革首先要明确目标方向，否则会南辕北辙，付出过于沉重的改革代价，甚至带来比改革前更多、更严重的问题。为此，明确的改革目标与可行的推进策略，是叶澜作为教育基本理论研究者自始至终非常关注并切实落实的问题。每所学校、每位教师的变革发展也是如此。例如，经叶澜具体"贴牢"的点拨之后，逐渐清晰了自我发展目标的沈老师，后来在参与其他学校的现场研讨时，听到叶澜提出的一个建议："今天课堂上小组讨论之后的交流，学生仍以个体呈现意见，能否以小组为单位进行整体的交流呢？"虽然说的不是她自己教学改革中的问题，但沈老师却有意识地开始了小组学习的探索。后来在区级节点研讨时，她在《鲸》的教学中大胆让学生运用前期形成的知识结构和方法结构先自学，然后小组讨论。这一改革成果得到专家领导一致好评。叶澜说："课堂教学就是要有这种敢于实践的精神。一堂课开放到什么程度，只有亲自实践了才知道。"[①]教研组一起研究，一个个班、一节节课研讨，真做"新基础"，教师变了，群体变了；思路变了，行为变了；课变了，班级活动变了；学生"活"了，教师也"长"了。由此日积月累，学校才能实现各领域综合融通的整体转型。

作为研究团队的总负责人，叶澜特别关注与学校发展总负责人——校长及其领导团队的定期交流，提升学校变革"头脑"层面的整体清醒和策略智慧，以校本创造实现新型学校既有共性又有个性的创建。以基地学校发展规划的修订为例，叶澜在反复讨论、整体策划的基础上，放手各校自主制定，同时与校长及其团队定期交流反馈，及时发现进步之处和经验，提出意见和建议。当时，10所学校的规划修订，用了半个学期的时间。第二次修订时，上海市闵行区实验小学脱颖而出，叶澜点评时特别赞扬实小的何校长思维品质好，规划有整体性。校长们相互学习，更多校长开始自觉关注自己思维品质的提升，将其与变革领导力的提升联系起来。

---

① 王叶婷,等.一坪绿色：在新世纪阳光下呈亮[M].福州：福建教育出版社,2014：69.

叶老师讲的、夸的或者提出问题的，我们都会自觉拿来对照。……叶老师一直讲要学会倾听，学会分析，所以叶老师讲别人时，我们就倾听、分析，对比自己有没有同样的问题，没有觉得这是在说别人的问题，与己无关；或者说当叶老师在点出别人的长处、进步之处时，我们也没觉得这是别人的好的地方，我们学不来或高攀不起。而且叶老师你记下所有人的话，再和大家互动、交流，最后还有总结、反馈。我们也想像你一样，也记下别人的话，思考其中的道理，努力去悟，再和你的点评对照，看自己所想的对不对。这样训练自己，思维品质就能有改变了，我们很多的思维方法就是叶老师教出来的。……原来接触的专家不怎么和我们讲"立场"啊，"眼光"啊，"思维品质"啊这些，叶老师不是仅仅让我们"做事"，而是千方百计教我们很多东西，让我们成为善学善思、会策划、能智慧地整合与取舍的领导者。我们都说：我们是叶老师的"编外研究生"! 跟着叶老师，在"新基础"中，我们一定会不断进步。经过学习实践，我们的制度系统建设和教师分类发展评价有了创新，叶老师说我们的思维品质发生变化了。[①]

叶澜实践研究中的价值取向、行为方式、思维品质和研究精神，在合作交往中被校长教师们认同，并有意识地将其转化为自我发展的力量和追求。有校长说：自己被"新基础教育"真研究震动，从此，作为学校第一责任人，规划、总结、听评课"不离土"，深度合作让他成为"编外研究生"，反思重建催生出变革的"自觉"，自己有了一个"教育梦"。"在'新基础教育'根的滋养下，我会坚定地追寻我的'教育梦'，从而让学生们能在学校里主动地学习，享有童年的幸福；让老师们能在学校里智慧地工作，享有

---

① 叶澜.深度访谈：读懂创造教育新天地的人们——叶澜与"生命·实践"教育学合作校部分校长访谈录[M].福州：福建教育出版社，2014：113.

职业的欢乐！"① 有校长说：当学校以现场总分第一通过中期评估时，老师们用"快乐着，感动着，幸福着，成长着"，来表达自己让研究成为一种情趣、让工作超越职业的幸福感。回顾自己在"新基础教育"中的那些日子，她说：进入—投入—浸入—融入，再次拾起这些美好的记忆，再次检阅自己任职的心路，对理想依然执着，对生命愈加敬仰，对学校更加挚爱。回望学校经历的一次次艰难挫折，赢得的累累硕果，如今，学校又站在一个新的起点。俯首历练，登高望远，使命依然，责任依旧！经历，涌动不再青春的激情；体验，追忆永远执着的梦想；幸福，聚焦共同奋斗的相携；追梦，迎着心中华美的旅程……② 这是笔端涌出的诗思，更是脚下走出的"心路"。

叶澜带领研究团队，深情清醒、真诚执着、智慧创生的研究精神和能力，唤醒、吸引了一批批实践工作者，共同创造教育新天地，彼此成就生命更美好、更自觉的成长，以平凡又伟大的生命创造体悟教育实践的真谛与美好，体会教育内在的尊严与幸福。叶澜经常和团队成员强调：要"以做教育的方式"做教育研究，教育研究不能对不起学校师生，"这是我生命中重要的构成，也是我很重的心事"③。她的教育研究本身体现出直面生命、为了生命、通过生命、提升生命的教育之力与美。念念在兹，刻刻在斯，看到大家都在成长，每个人生命自觉、内生力提升，她"多年悬着的心"才彻底放下，沉浸在无限幸福的海洋里。责任和牵挂有多重，成长和幸福就有多大。

---

① 何学锋.从懵懂到自觉［A］//叶澜，李政涛."新基础教育"研究史.北京：教育科学出版社，2010：432.
② 王冬娟.在意蕴丰富的日子里［A］//叶澜，李政涛，等."新基础教育"研究史.北京：教育科学出版社，2010：461.
③ 叶澜2019年12月18日在江苏常州举行的闵行、常州两地"新基础教育"20周年纪念会上的报告《双重转型、交互创生的研究；学术生命、自我成长的实现》（内部资料）摘录。

三、共生相长

实践研究在叶澜教育研究中具有基础性地位，这与她视学校为教育学人的"家园"，认为教育教学实践是教育研究的"土地"有关。在更深更广的层面上，首先，她认同马克思所论人之能动实践、"变革的实践"所具有的成事成人力量，"环境的改变和人的活动的一致，只能被看作是并合理地理解为变革的实践"①，并以自己的生命实践创造性地体现出"变革的实践"改变自我、改变世界的力量。其次，她秉承中国文化传统中的教育精神与智慧，注重"以人生为对象的修习践行"②，强调"与实践密切相关的智慧哲学的思维方式"③，根据教育事理研究的独特性，结合中国教育研究的具体现实，对中国教育研究的价值取向、思维方式和实践策略进行转型，通过理论与实践的交互生成，对中国教育研究做了一系列当代创造性更新：创建了一批当代中国新型学校④，创生了一套当代中国基础教育改革与发展理论，开创了新中国第一个教育学派，重建了当代学科观、教育学观与教育观。她论证了教育学是独立的"复杂/综合"之通学，提出了"教天地人事，育生命自觉"的中国式教育表达，明晰了当代中国教育学的内核基因："生命·实践"。叶澜实践研究的深层是生命实践、教育实践的美与力，呈现出研究者的"理性诗意"。

---

① 马克思.关于费尔巴哈的提纲[M]//马克思,恩格斯.马克思恩格斯选集·第1卷.北京：人民出版社，1995：59.
② 叶澜.中国哲学传统中的教育精神与智慧[A]//叶澜.变革中生成：叶澜教育报告集.北京：中国人民大学出版社，2019：430.
③ 同②：432.
④ 目前，全国"新基础教育"研究共生体分布在12省市地区，100余所学校参与学校整体转型性变革研究。其中的四批29所"生命·实践"教育学合作研究校，尤其是已开展"新基础教育"研究20年左右的第一、第二批合作校，整体呈现出当代中国新型学校的特质："价值提升、重心下移、结构开放、过程互动、动力内化"。

（一）教育实践的美与力量

20世纪80年代，叶澜即在理论上明确提出，可能性因素为人的发展提供多种可能，但要使其最终成为现实的发展，只有借助于个体的各种活动才能实现。①突出个体自身各类活动是实现发展的现实性、决定性因素，强调生命实践的现实力量。基于此，她提出："教育，尤其是学校教育，作为专门培养人的有目的、有系统、有组织的社会活动，应该在人的发展中起主导作用。"②重视教育实践活动应有和能有的现实力量。

理论深度清思、适度先行之后，叶澜的学术研究逐渐深入学校实践，以深度介入式的合作研究，反思和重建现实中的教育教学活动，逐步实现教育实践的转型变革，实现教育者与学习者在校生存方式的更新，发挥学校教育内在蕴含的对于人之发展的现实力量。在其学术集成之作《回归突破："生命·实践"教育学论纲》中，叶澜系统梳理了"生命·实践"这个基因式内核概念的生成历程③，围绕个体与人类生命发展的实现问题，思想里的"实践"与现实中的"实践"不断交互转化、更新生成。理论与实践的交互生成是叶澜教育研究的方法论与路径。

在对教育实践的深度介入式合作研究中，叶澜对教育、教学之"所是"有了越来越深入的体会和提炼。它作为人类独特的生命实践活动，具有且呈现出独特的美与力。以教育的方式做教育研究的叶澜实践研究，亦具有且呈现出独特的美与力。

1. 生命间的更新更好：教育实践的价值取向与诗性之心

作为新中国自己创建的第一所师范大学的毕业生和从业者，作为教育学

---

① 叶澜.论影响人发展的诸因素及其与发展主体的动态关系［A］//叶澜.方圆内论道：叶澜教育论文选.北京：中国人民大学出版社，2019：98.
② 同①：101.
③ 叶澜.回归突破："生命·实践"教育学论纲［M］.上海：华东师范大学出版社，2015：3-36.

研究者,叶澜具有极强的学科内立场、学科独立发展的尊严与使命感;作为教育基本理论研究者,她的教育学研究始终把握教育、教学、生命发展、实践活动等核心概念之所是及其内在规定,并为之不断更新发展着研究方法论这个思想工具。

1983年,叶澜独立承担华东师大教育学系本科生基础课程"教育概论"的教学工作,她的第一本学术著作就是该课程"六年内七次全过程教学"①的产物——《教育概论》。该书的研究对象是"教育整体",研究目标是把握教育的基本特征。第一章题为"教育——复杂、开放的社会系统",全书结语题为"教育的基本特征",可以说,此书始于对"教育"之所是的探寻,终于对"教育"之所是的提炼。虽然主要是思想层面上对"教育"是什么的认识,当时尚未深入实践层面,但对教育之所是的深度清思,成为她此后进入实践,依所是而行,进一步体悟教育内涵的根底。

"教育是有意识地以影响人的身心发展为直接目标的社会活动。"②这是她对教育之所是在事实层面做出的内外划界式界定,是《教育概论》第一章第一节所做的基本界定。经"综合—分析—综合"的思路,行进至最后一章,思想再次聚焦到教育的特质"深沉与神圣"③,教育事业在"使人类与社会变得更美好的同时使自己也变得更美好"④,这是全书"结束语"的结束语,是她对教育之所是在价值层面做出的内在特质式界定。可以说,这是全书思想探求所得的"骊珠",也成为叶澜教育研究一以贯之又不断深化的核心价值。在15年后的该书修订版中,叶澜在全书"结束语"的结束段里,在"教育的深沉与神圣"和"变得更美好"之间,特别补充了这样的表达:"教育天天与我们同在。教育存活在我们每个人的生命之中。教育是直面生命、

---

① 叶澜.教育概论[M].北京:人民教育出版社,1991:1.
② 同①:8.
③④ 叶澜.教育概论[M].北京:人民教育出版社,1991:338.

通过生命和为了生命的人类独特事业。"①对教育特质、内在价值的探求，不仅是叶澜教育思想的核心，而且是她教育实践研究长在长新、不断深化的核心，既是进入学校现场开展变革研究的初心，也是笃行笃坚的衷心。价值之"心"的根基性存在，使叶澜教育实践研究呈现出激情深切之爱与清醒深刻之思有机交融的特质。自"心"而出的"爱"与"思"，会诵出叶澜独特的诗性表达。

直面当代中国教育问题及其改革，叶澜冷静、深情又有底气地说：

> 曾不止一次听到人们带着无奈与失望责问：当今中国的教育还会变好吗？我想，也许每个与教育相关的人还需自问：我们敬畏生命了吗？我们在乎教育本真的价值了吗？我们还在把教师（或自己）当作操作工吗？我们认真地思考为何要改革和如何改了吗？我们实实在在地为教育改革做了自己能做的事并形成合力了吗？我们在努力使自己变得更好吗？也许，多一些这样的自问和反思，多一些积极的沟通和合作，多一些制度的变革和称职的领导，多一些智慧的碰撞和明智的决策，至少，教育的明天会比今天更好，我们身边的教育世界会变得更好。我相信路是有的，只是要我们坚定而清醒地走出。当然，这不是一件易事。②

教育是使他人、自我和人类社会都变得更美好的事业，教育教学活动应从完整生命发展的意义上付以生命、提升生命，成就彼此更美好的生命可能。《教育概论》时期所形成的"教育"初心，使叶澜在进课堂听课，感受师生日常在校生存方式时，发出了"让课堂焕发出生命活力"的呐喊。自此，"生命活力"成为教育界持续关注、探讨的大问题。但叶澜没有停留在

---

① 叶澜.教育概论［M］.修订版.北京：人民教育出版社，2006：312.
② 叶澜.课堂教学过程再认识：功夫重在论外［A］//叶澜.变革中生成：叶澜教育报告集.北京：中国人民大学出版社，2019：51.

"呐喊"层面,她继续深入实践,在复杂的生境中,走出了切实重建的当代中国教育改革之路,并努力做出理论上更深度的溯源、寻本之清思。这是一条当代中国教育理论与实践交互创生的变革之路。一路走来20余年,走出了一路风景、满目生机,且仍在追求教育本真美好、自然而然的境界。

有爱,有思想;有路,有践行;永远不忘"生命"之最为珍贵,"实践"是改变自己和世界最真实的力量。这是叶澜一路前行,长青、长新的"生命·实践"之美。

2. 互动生成的内在逻辑:变革实践的策略行动与诗性之慧

叶澜曾认真阅读马克思主义经典著作,她认同且践行马克思关于"变革的实践"改变世界与改变自我相统一的理念,在学校家园的实践变革中,创造、体悟教育实践让他人和自我都"变得更美好"的价值与力量。"人也按照美的规律来构造"[①],人能把握事物的内在规律,创造性地把内在尺度运用于包括自己在内的对象。教育的内在规定,大量存在于日常的课堂教学过程中,为此,叶澜花了大气力读懂课堂、读懂教学、读懂师生互动转化的内在逻辑,与中小学合作者一起求真、求是,重建了教育教学互动生成的内在逻辑。前面章节对此已展开论述。此处从学校整体变革的意义上,通过叶澜推进实践变革的策略与方法论,解读其变革内生力转化、相长的诗性智慧。

"教育之所是"本有、应有的价值理想,不会自动成为实然、实在的现实;价值理想若不能转化为现实,则易走向虚无,被淡忘甚至异化。转化、实现的过程发生在具体综合的复杂情境中,绝非易事,尤其是在社会转型的当代中国。"在社会转型期进行学校转型的研究,只能在承认现实中不确定性无法避免的基础上策划、进行,要善于研究和开发这些不确定性中存在的发展可能性和可转化因素,以积极的态度生成新的变革因素和形成变革推进

---

① 马克思.1844年经济学哲学手稿[M].第3版.中共中央马恩列斯著作编译局编译.北京:人民出版社,2000:58.

的确定性事实。"①为此,在深度介入学校教育实践变革之前、之中,叶澜努力"读懂"时代、"读懂"学校、"读懂"教师、"读懂"理论与实践的关系,以"读懂"作为合作变革的前提。

读懂时代精神,才能把握学校变革的性质与方向,引领价值目标,这是实践变革的前提;读懂学校和教师,才能把握变革推进策略,深度介入整体变革实践的各个领域,进行有效的对话—转化、反思—重建,这是实践变革的关键;"读懂"理论与实践的关系,才能从主体间的共生式转化达到个体内的主动创造,这是实践变革的最终保障。

基于"读懂",为了"读懂",叶澜提出"发现问题就是发现发展空间""'捉虫'与'喔'效应""四把四还"等简洁明了又生动好记的说法,以贴近教师的方式,打开"心窗",开放心态、集思广益地直面问题,努力发现日常行为背后的内隐理念("捉虫"),然后参照新的观念系统进行重建:"哦,原来还可以这样!"("'喔'效应")。她还从广大教师的智慧创造中提炼出"教学结构—运用结构""三放三收""成事成人""研究性变革实践""全·实·深""精·特·美"等"新基础教育"独特的话语体系、思维方式和实践做法,通过阶段积累、渐进、质变,一步步实现着"在多元主体合作中提升个体自主创造能力"②的策略,实现着变革者与变革事业"成人成事"的价值目标。全程呈现出生命间融通转化、彼此都变得更美好的智慧力量。

决策永远具有针对性和情境性,因决策而起的新潮一波又一波,一波叠一波,这是"新基础教育"在实践中涌动的大潮,是我们在变革中起伏的心潮。我们是推波助澜者,我们又是潮的组成者,我们在潮中!

---

①② 叶澜."新基础教育"论——关于当代中国学校变革的探究与认识[M].北京:教育科学出版社,2006:393,395.

>　　这是我践行"复杂"的独特体验。更让我惊喜的是，就在这样的过程中，华东师大课题组成员与试验学校成员的关系由"我"和"你"，渐渐地变成了"我们"：我们有共同的奋斗目标，有共同的创造实践，有共生的变革经验，有共享的快乐与痛苦。我们有了一个共同的名称——"新基础人"，因为十多年来我们一起走过。①

与推进策略相应，叶澜提炼出了教育变革理论与实践创新"交互生成"的方法论，实现了教育研究方法论方面的突破。

>　　我们突破了传统研究方法论中主体与客体、主观性与客观性、目标与手段、价值与事实、人文性与科学性等多对范畴内部割裂和对立的基本逻辑，舍弃了非此即彼的思维方式，努力探索使两极沟通，积极、有效交互作用的复杂思维方式的运用和行动策略，在一定程度上实现了教育研究在方法论上的突破。②

方法论突破体现在研究者以及实践者主体之间与主体内部的变革理论与实践之转化生成。从研究者的内生自觉到研究者与实践者的共生转化，再到研究者与广大实践者既共生又内生的自觉创造和成长，直至这既共生又内生的创造和成长辐射到更广大的社区、更长远的未来，以"教育者"的生命自觉唤醒社会上更多人的教育责任与担当自觉。

>　　时而会遇到这样的提问：在这么长时间的研究中你有没有遇到困

---

① 叶澜.个人思想笔记式的15年研究回望［A］//叶澜.方圆内论道：叶澜教育论文选.北京：中国人民大学出版社，2019：82.
② 叶澜."新基础教育"论——关于当代中国学校变革的探究与认识［M］.北京：教育科学出版社，2006：399.

难、挫折？大学人员与中小学教师有无冲突？为什么有的学校没有做到底，中途退出？我通常不做展开回答。显然，说没有是可笑的，即使在课题组内部也有不同意见、态度甚至摩擦。不展开说不是为了粉饰太平，而是因为这些问题在过程中都逐渐化作智慧和进一步的发展了。若与我们走出的这一条通向新型学校的创业之路相比，那些都只是路上的小丘小坎，甚至是小石块、一阵被风扬起的飞沙。我们没有必要去放大和咀嚼痛苦，重要的是人在实践中的变化与成长，每个人对自己过去的超越。如果我们用复杂的眼光去认识这个变革的过程，那么存在着多重矛盾，有幻象，有危机，有进有退，有积极因素也有消极甚至破坏因素，有高潮有低潮，都不值得大惊小怪了。

从容地面对现实，执着地追求理想，踏实地进入实践，智慧地解决问题，不断地提升自觉，努力地回馈社会：这是"新基础教育"研究对我的最大帮助和提升。15年的人生历程，让我策划和亲历了一个以前从未有过的复杂式研究的全过程，锻炼了自己的意志，体验了它的全部丰富性。它已经凝聚在我生命的深处，成为我精神世界独具的富有与力量。我庆幸自己从事了"新基础教育"研究，它让我存有的学术能量有了一次绽放，又孕育出新的学术能量和焕发出指向未来的新的学术生命。[①]

孕育、绽放、继续孕育、发展，不断新生、成熟，又不断在新平台上自我归零、再超越，以更新更美的教育实践和生命样态在古老又新生的中国大地上"书写"。这书写越来越理性诗意，理性诗意的书写者有着理性诗意的精神面相。

---

① 叶澜.个人思想笔记式的15年研究回望［A］//叶澜.方圆内论道：叶澜教育论文选.北京：中国人民大学出版社，2019：82-83.

（二）理性诗意的精神面相

实践研究之美、教育实践之美，究其根本，离不开教育研究者、实践者回归教育之所是的生命创造。与事业"事"的意义上呈现的美与智慧相应的，是创业者"人"的意义上呈现出的精神面相。前述一系列美学意蕴解读，最终离不开对原创者叶澜本人的解读。

> 如果用一句话来对她进行"学术素描"，整体概括出我眼中的叶澜，那就是"充满激情的教育学思想者"，是"激情与思想的融为一体"。[①]

——这是叶澜毕业十多年的留校博士、事业接班人，在个人公众号上推送的叶澜形象。

> 在叶澜的身上，我们很难嗅到一个年逾七旬的老太太通常会有的柴米油盐的生活气息，相反，她给人的感觉是那样清新，透着理性的光泽，这是一个常年从事思想事业的人所特有的深邃沉静的韵味。当她谈起倾注毕生心血的教育事业时，你能很容易感受到强烈的赤子之心和追求理想的激情。无论是在谈话还是在微笑的时候，她的嘴角都是微微下压，显示出一种有力的轮廓，给人一种凛然不可侵犯和无法动摇的坚定感。但是，当她和你打开话匣子，你能立刻感觉到她的热忱和亲近。[②]

——这是一位年轻记者首次面见叶澜，采访时写下的第一印象。

无论是熟悉者还是初识者，他们都对叶澜的"激情与思想"印象深刻。激情，来自"理想""赤子之心"，对教育事业和教育学的矢志不渝与使命

---

① 详见李政涛2020年6月9日微信公众号文章：《充满激情的教育学思想者——我眼中的叶澜先生》。
② 汪仲启.叶澜：构建"生命·实践"教育学派[N].社会科学报，2013.4.25.

担当；思想，充满"理性"的力量，与激情交互作用，完成对教育事业和教育学的志业担当。"激情与思想""理想与理性""理想的现实主义者与现实的理想主义者"……这些常被视为对立的存在，却自然地存在于叶澜身上，呈现出"理性诗意"的精神面相。

1. "迎风走路"的理实创生者

如前所述，叶澜从小就有个"基础教育情结"，进入华东师大教育学系学习并留校后，她又有了"教育学情结"，这使她的教育研究内含着赤子之心，焕发着由衷深情。两个"情结"辉映出理实互生之路。教育和教育学研究特有的直面生命，为了生命，使人类社会和自我都变得更美好的品质，对研究者的胸怀、思维、智慧提出综合要求，并锤炼、滋养、提升着真诚投入其中的研究者，形成独特的原创成果、研究风格和精神面相。

叶澜说，自己是一个"喜欢迎风走路的人"。"迎风走路"可以说是她研究风格的生活化、日常化体现。"迎"者，不顺、不惧，有自己明确的方向；"迎"的心态和行动来自对远方美好与更美好的期待，也渗透着实力的自信和坚定，体现出使命担当又充满胆略的学术勇气，它既饱含美好期待的可能之优美，又能笃行创生出智慧、坚忍的现实之壮美。"风"者，风云、气象，时代精神风貌，叶澜一直强调：读懂时代，才能明确努力的方向，发现可为的空间。"风"是机遇也是挑战，在迎风的挑战中创生智慧，在风化的机遇中生成识时之美。诚如《孟子》中所言：夫子"圣之时者也"。"走"，体现出叶澜深度介入实践"大地"的品格，生成、践行她突破书斋式教育学思维框架和表达方式的底气。"路"是中国的、是当代的、是充满生命气息的，是一条新路，并且是一条不断创新、出新的长路。有时，它只是一个方向；有时，它充满曲折；有时，它又过于高远。但叶澜带领团队一步步"迎风"走来，走出了当代中国教育学理实互生的大道，并将持续走向更新、更美好的远方。远方的诗意不再缥缈，充满了当下的理性力量，是理性与感性结合的"理性诗意"①。

早在《教育概论》一书中,叶澜就提出,一个真正的教育者、教育研究者"应该努力使自己成为富有历史感和时代感的人,成为热爱人、理解人、善于研究人的人,成为深刻地了解社会与教育有关的一切,并对人类与社会未来充满信心的人。只有这样的人,才能在为使人类与社会变得更美好的教育事业贡献自己的智慧、力量和生命的同时,使自己也变得更美好"②。言为心声,文如其人,叶澜自己就是这样的人,她相信并在发现和实现教育使人类与社会变得更美好的深沉与神圣过程中,发现和实现着自身"变得更美好"的存在价值,体悟教育与做教育、教育学人"深沉与神圣"的共生和幸福。

时隔近30年,在全国"新基础教育"研究25周年、上海市闵行区与江苏省常州市两地"新基础教育"20周年的"成人之路"研讨会上,叶澜送给大家这样的"结语":

> 每个人的生命都是宝贵的
> 且行且生且珍重;
> 每个人的一生都会留痕在世
> 在许多人的生命中。
> 让世间因我们的存在而变得
> 更美好;
> 让我们用教育的力量,使更多的生命
> 变得更美好!③

---

① "理性诗意"的概括,来自:叶澜2019年12月18日在江苏常州举行的闵行、常州两地"新基础教育"20周年纪念会上的报告《双重转型、交互创生的研究;学术生命、自我成长的实现》(内部资料)。
② 叶澜.教育概论[M].北京:人民教育出版社,1991:338.
③ 叶澜2019年12月18日在江苏常州举行的闵行、常州两地"新基础教育"20周年纪念会上的报告《双重转型、交互创生的研究;学术生命、自我成长的实现》(内部资料)。

"让我们用教育的力量,使更多的生命变得更美好!"它与《教育概论》里的"结语":使人类与社会和自己都"变得更美好",相隔数十年,遥相呼应,表达出叶澜教育研究的初心、衷心和越来越有底气的核心,越来越坚定的恒心。这是她30年使命担当,矢志不渝,努力奋斗的体悟,是她将生命化入其中,长出的新生命。这超越了时空的精神生命,呈现出美慧坚实的"理性诗意"之精神面相。

在回顾自己的学术生命成长时,叶澜说:"教育学是为人类更美好而生之学,教育人是人世间最富有幸福之人。"[①]这是她的坚定信念。

2. "综合抽象"的教育学之眼

叶澜很早就有意识加强和提升自己的思维品质,从系统思维到复杂思维,在当代中国教育变革实践与教育学建设的交互生成中,不断学习、运用、生成互动转化的综合复杂思维,一探、再探、三四探教育理论与实践的关系。这双"眼睛"在不断探寻中越来越明亮。

教育是诸多不同样态的生命之间不断交往转化、互动生成的综合复杂过程,教育研究需要研究者个体全身心投入,在叶澜看来,这正是教育研究所蕴含的最深沉的人文精神。"唯有人,才可能运用自己的生命体验和成长经验,去认识人的培育中呈现的各种状态、事件与规律。"[②]正是紧紧围绕着教育中生命与生命之间的互动生成这一特质,叶澜在教育研究方法论上,突破了原来只重理性分析的局限,同时注重直觉体悟以及艺术式感悟在方法体系中不可取代的渗透性影响。人按照美的规律来构造,包括对象和自我。"美"的载体是形式关系,其内涵则是生命、精神和人性的灵动与创造。中国文化中的美关切现实人生,"极高明而道中庸",人生天地间,在日常生活里超

---

① 叶澜2019年12月18日在江苏常州举行的闵行、常州两地"新基础教育"20周年纪念会上的报告《双重转型、交互创生的研究;学术生命、自我成长的实现》(内部资料)。
② 叶澜.教育研究方法论初探[M].上海:上海教育出版社,1999:330.

越;"天地之大德曰生",生命与生命之间交互通感,获得超越的美好体验。在理实互生的持续创生与体悟中,叶澜形成了哲学、科学与艺术具体综合又综合抽象的教育研究方法论体系。"大概任何创造和任何发明都包含着某种超理性的东西。理性只可能在创造之后理解它,永远不可能在创造之前。它①能够和应该承认存在着同时是非理性的、理性的、与理性无关的和超理性的现象"②,在此意义上,科学、哲学与艺术综合的方法论体系是一个"开放理性"的体系,并因开放而不断更新、生成,是理性与诗意的综合体。

3. 以"整个身心"让世界变得更美好

让人类、社会和自我"都变得更美好",是叶澜自始至今、一以贯之的教育信念,它是远方、高处的深沉与神圣,是内心流淌的诗与美。其根源在于真实的上天入地、持续生长,多方辩证转化,会通天地人事。为此,叶澜努力以综合复杂的思维方式"读懂"社会、教育与人,在互动生成的策略推进中,实现理实转化。她不断深入教育学"家园",在多重"回归突破"的交织中原创,形成了自己的内核理论和表达方式。

(1) 写完这一行,窗外已是又一个新年的春天。没想到写作跨了两个年度的春天。由春始由春终,这是否意味着"新基础教育"是一个属于春天的事业!③

(2) 真实是课堂生活的灵魂,师生在过程中的成长是其最动人、悠长的旋律。④

(3) "新基础"做到最后是学校内部有研究创新的需要,这个水才

---

① 根据上下文,此处的"它"指的是"开放的理性"。
② 莫兰.复杂思想:自觉的科学[M].陈一壮,译.北京:北京大学出版社,2001:130.
③ 叶澜."新基础教育"论——关于当代中国学校变革的探究与认识[M].北京:教育科学出版社,2006:7.
④ 叶澜.课堂教学过程再认识[A]//叶澜.变革中生成:叶澜教育报告集.北京:中国人民大学出版社,2019:50.

是"活水",才不会回去,因为它做到每个人的心里了。这时候,动力不是外面的评价(发奖金、评职称或者有我们一帮人在后面"盯着"),而是动力内化了。①

（4）在"华丽转身"之后……我们进入了以基地学校校本独立推进、深化"新基础教育"的扎根研究……目的是提升学校自主、主动开展变革研究的能力,将"新基础教育"的变革精神与理念、思维方式育改革策略等系列成果之根,真正扎到学校每一天的日常生活之中,扎到教师的心中,扎到学生的成长之中。这也算是一次"转身",但它不华丽,而是重心的转移,是再一次更为有力的"主体转身"。

"新基础教育"课题研究的15年以"华丽转身"打上了句号,但当代中国学校转型性变革研究的路还在创造性的实践中不断延伸……②

上述几则,是叶澜在"新基础教育"研究中海量表达里的浪花。从中不难看出,她的表达方式已日常化。围绕事业发展、生命成长,常有生命之喻,如"春天的事业""灵魂""活水",也洋溢着生活气息,如"旋律""路",还常有时尚但不跟风的原创,如"华丽转身",以及之后并不华丽但更有力的"主体转身"等。这渗透着复杂又清晰的实践智慧,因深情而鲜活生动,因本真而深刻,因具体针对而切实有效。

文以载道,语言是存在的家。"许多人都说我叶老师会讲话,我认为不是这样,我不是用语言去与别人交流,语言只不过是一个外壳,我是用整个的心,用我整个的生命实践的体验,用我的思考、我的疑惑、我的发现跟大

---

① 叶澜在2008年1月8日"新基础教育"研究华师大课题组期末总结与新学期计划交流会议上的穿插对话(内部资料)。
② 叶澜.个人思想笔记式的15年研究回望[A]//叶澜.方圆内论道:叶澜教育论文选.北京:中国人民大学出版社,2019:84.

家交流。"① "原初词一旦流溢而出便玉成一种存在。……称述一原初词之时，人便步入它且驻足于其间"②，无论是在与他人、与社会、与人类还是与自我之间，一旦产生"之间"的关联，就需要语言，无论是显语言还是潜语言；而人存在着就几乎必然处于与他人、社会、人类或自我若干层面错综复杂的"之间"。语言本身是处于相互之间的关系性存在，交互性是语言的内在规定，"语言"与"相互之间"具有同一性。语言符号由生命而出，语言的特性就是人之存在的特性，人性充满互动性，在"人—人"交互的教育教学中更其如是。叶澜教育研究回归教育之所是，注重人性在多重交互的实践转化中的复杂、具体生成，强调具体个人之间在动态情境中的互动相长，这决定了她语言表达的鲜活切中，乃至诗化之美与力。

文如其人，表达的背后是叶澜的学术内核与个性风骨。无论是在学术专著、理论文章中，还是日常研讨、交往时，乃至一般人认为很程式化的会议主持、获奖感言里，她的语言都充满独特的智慧。因为热爱生命，她会发现小石头遇水后的绿色呼吸，感叹于草木丝缕颤动着的生命活力，能够从贝壳风铃中听出风中大海的歌声，从马兰头的太阳花瓣里欣赏到层叠转化的美妙；因为热爱生命，她会兴致盎然地向我们讲述她和小蚂蚁之间的"战争与和平"；因为热爱生命，她眼里的人是具体的"这一个"，是可以发展、能够发展的每一个，她会为之而焦虑、而欣喜。"人总是要上进的，这是人之为人的根本……教育的力量就是把人内在的、闪亮的、光明的因素唤醒，让它焕发出来；而'新基础教育'的核心理念就是关注、关爱每一个生命，尤其是我们要对之负责的生命。"③这样的人，才可能把培养"时代新人"的教

---

① 叶澜："关于教育与交往的思考"——在桂林第九届教育基本理论年会上的发言。（内部稿：《叶澜自选文集》）
② 布伯.我与你[M].陈维纲，译.北京：生活·读书·新知三联书店，2002：1-2.
③ 叶澜老师在2006年3月14日"新基础教育"研究华东师范大学课题组研讨中的穿插发言（内部资料）。

育变革研究一做就是二十多年，把致力于研究如何造就"生命自觉"的教育学的学问越做越智慧，越做越享受其内在的尊严与幸福。因为转向实践研究，她寻找到了教育学丰富复杂的"家园"，练就了从实践中生成理论、又以理论重建实践的独特智慧，散发着生命与生命相遇、相与、相长的美与智慧。

叶澜的教育实践研究大体可分三大阶段三种类型。

一是从大学毕业留校至从国外访学归来（1962—1982年）20年间亲历的各类教育实践，包括作为华东师大教育学系青年教师在师大附属小学的两年教师生涯（1962—1964年）、作为援藏教师在拉萨市师范学校（今拉萨高等师范专科学校）和藏区进行基础教育调研的独特经历（1974—1976年）等。这些是叶澜在特殊时期作为大学教育工作者亲身体验的独特实践。她说：

> 这些非连续的，处在不同时段、独特空间的实践，在我的生命中留下了很不相同的痕迹，实际上成为我学术"初始虫蛹"中最初潜入的"虫草菌丝体"，这是与"实践""生命"和"方法论"相关却又与今日生成的"夏草"之态不同的"菌丝体"。①

二是作为大学专业研究者对教育实践的调研总结和进入学校实地的"前'新基础教育'"课题研究（1983—1994年），包括"中朱学区调研"（1988—1990年）、"基础教育与学生自我教育能力发展"课题研究（1991—1994年）等。这是进入学校、与学校实践相关的课题式研究，它们为"新基础教育"研究提供了进入基层合作研究的实践体悟和经验积累。

三是作为教育学者为创建当代中国教育学，研究方式转型，走出书斋、走向大地，带着理想扎根现实、变革实践，以"新基础教育"研究为核心

---

① 叶澜.从"冬虫"到"夏草"——"生命·实践"教育学派生成过程的个人式回望［A］// 叶澜.方圆内论道：叶澜教育论文选.北京：中国人民大学出版社，2019：6.

开展大中小学合作研究。这是研究者主动深度介入实践的长时段综合研究（1994年至今，已二十余年），不仅验证、检验理论，而且深化、创生理论；不仅理解、解释实践，而且反思、重建实践。深度介入实践、扎根学校泥土使教育研究真实"着地"，找到并在自己独特丰富的"家园厚土"里耕耘、收获，而非外寻依赖、内在荒芜。"新基础教育"学校变革是叶澜实践研究的集成代表。在其学术大成之作，也是"生命·实践"教育学派的立纲、标杆之作——《回归突破》中，叶澜将"回归突破"最后汇聚到"当代教育实践"之海。

科学探究中充满了美，那往往是触摸到自然奥妙时的心灵震颤和形式表达之美；教育研究中的美，则是生命与生命之间为了更美好的可能而互动生成，在彼此相长中体悟和实现人性奥秘的悄然花开。正是在深度介入教育变革的实践研究中，叶澜以其特有的思想之美走进具体的地区、学校，走近校长、教师、学生乃至一切与教育相关的组织和成员，在教育交往、互动生成中，以教育及其研究特有的真与美，唤醒和开发出教育者及其生命实践本有的真、美与力量。教育世界里的生命相长之美，不是飘在空中的浮云，而是生命实践化入其中，扎根现实真实生长出来的。

对教育之真与美的追求，使叶澜及其研究充满思想活力、实践创生力，长出了内核深沉坚实的"理性诗意"。因为，她始终将生命之间如何互动生成，"变得更美好"放在心里，她把整个身心化入其中，直面风雨，带领团队，创生出美好、还可以变得更美好的新世界。

"这个世界不要因为我的存在而变得更丑恶！但愿我的存在会使这个世界变得更美好！"叶澜说，这是她的座右铭。这已不只是铭刻的文字，而是融化了她的生命实践，又融入到她学术成长中的信念、美与力，是她一生的方向，是她走出的道路，是远方与当下的理性诗意……

第六章 卓然独立：学校境界之美

> 当代中国学校的转型变革要把握好方向，"价值提升、重心下移、结构开放、过程互动、动力内化和整体融通"，这是转型后学校形象之内在气质的整体表达。①

——叶澜

"境"与"界"均是形声字，且本义相同，均意指边界，可以互释。但把这两个字连起来，更多使用的是其引申义，是指一事物可能达到的程度或境况。两个字单独使用时所蕴含的客观上的中心与边缘关系以及不同领地之间的并列关系，在连起来使用时转换为主观评价意义上高低不同的层级关系或大小不同的包含关系。学校的境界即指学校这一事物所能达到的程度或境况。

在叶澜教育研究过程中，有关学校境界的理论具有重要作用。这首先是因为"新基础教育"研究是以学校为基本单位的教育转型性变革研究。虽然在"新基础教育"过程中，研究单位在不同阶段有所转换，但居于中心位置的是学校这

---

① 叶澜."生命·实践"教育学派的教育信条[A]//华东师范大学"生命·实践"教育学研究院."生命·实践"教育学研究.第1辑.上海：上海教育出版社，2017：4.

一变革研究单位。这也是"新基础教育"研究的独特追求使然，即以创建新型学校为基本目标。在这个意义上，"新基础教育"理论就是一种有关学校境界的具体理论。这一理论自产生以来就贯串于叶澜教育理论建构的过程中，成为叶澜教育理论发展的主线之一。

一、形神兼备

在"新基础教育"成型性研究（2004—2009）结题报告中，叶澜这样描述"新基础教育"研究的学校转型性变革理论："这一理论的形成，揭示了学校教育的价值和办学理念之'魂'与学校各种机构、活动、人员之'体'的内在关系。建构了'魂体相附''形神兼备'的当代中国学校内涵发展的理论，体现出我们关于教育变革理论研究由批判走向建设的转换，呈现出学校内涵发展理论整体、综合、多层次、内在关联与相通的系统建成。"[①]这里用"形神兼备"来描述叶澜教育研究中有关学校发展的第一重境界。

（一）有机整体

形神兼备是叶澜的学校境界理论的基本观点。这一基本观点透露着她在学校境界这一主题上的诗性心智、诗性思维和诗性语言。就表层的诗性语言而言，叶澜在谈到学校时常常用人体或"人"字这一简笔画形象来表达学校的意象，即一个脑袋两条腿，其中学校领导与管理领域，校长是脑袋，教学工作与学生工作作为学校两类基本教育实践是两条腿。

就学校领导与管理领域而言，叶澜又用计算机这一人工机体来说明这一领域的意象。在这一领域中，"硬件"组合是组织、制度、管理机制的改革及其新指向："组织结构的扁平化和网络化；制度系统的人文价值取向和为

[①] 叶澜."新基础教育"成型性研究（2004—2009）结题报告［A］//叶澜，李政涛，等．"新基础教育"研究史．北京：教育科学出版社，2010：119．

学校与师生发展做出保障；管理机制上建立校长负责与民主参与的治校机制、分工负责与协作推进的实施机制、评价反馈与激励完善的发展机制、常规保证与研究创新的动力机制四大机制。"① 该领域中的"软件"是指学校的文化建设，学校领导自身及教师个体与群体（领导团队、教研组和年级组等）的基本素养、专业素养及专业生活的内涵发展②。

  无论是以上有关学校整体的人体隐喻，还是有关学校领域与管理领域的计算机隐喻，背后都有着叶澜有关学校的诗性思维，即学校是一个有机整体或生命场。这一诗性思维在"生命·实践"教育学派的教育信条之五中明确表达："学校是师生开展教育活动的生命场，提升学校的生命质量是学校变革的深层次诉求。"③ 她说："'生命场'相对的是近代工业化社会把学校当作'大工厂'，后现代则把学校批判为'监狱'。提升学校本身的生命质量，这是学校变革的深层次诉求。从'塑造人'转化为'成就人'，从'大工厂'转化为'生命场'，这是我们期望达到的学校变革。"④

  叶澜进一步指出："当代中国学校的转型变革要把握好方向，'价值提升、重心下移、结构开放、过程互动、动力内化和整体融通'，这是转型后学校形象之内在气质的整体表达。"⑤ 如果把前述有关学校的意象看作叶澜有关学校的诗性语言，那么这里的内在气质就体现着她有关学校的诗性思维。

  就学校整体转型变革而言，闵行四中作为"生命·实践"教育学研究合作校，生动体现了新型学校之"体""魂"和变革路径的统一，从而形成了"生命·实践"教育学的实践态。2018年4月2日至4日连续三天，叶澜带领本书笔者对闵行四中进行了集中调研。从2018年4月2日下午叶澜对闵行四

---

①② 叶澜."新基础教育"成型性研究（2004—2009）结题报告［A］//叶澜，李政涛等．"新基础教育"研究史．北京：教育科学出版社，2010：119．

③④⑤ 叶澜."生命·实践"教育学派的教育信条［A］//华东师范大学"生命·实践"教育学研究院．"生命·实践"教育学研究：第1辑．上海：上海教育出版社，2017：1，4-5，5．

中屠红伟校长的访谈开始，经过4月3日的中层座谈、数学与综合理科教师、班主任和家委会座谈，至4月4日的语文、英语与综合文科、拓展活动教师座谈，共计8次座谈交流。其间还观摩了自育型家庭评选颁奖会和部分校园场景。此次对闵行四中不同层面和领域的座谈，发言45人次，其中8位家长、2位校工、5位教师因承担不同角色两次发言。由于闵行四中共计102位教职工，发言者占总数的36%。

一是新型学校之"体"，叶澜把学校两个层次三大领域比作是一个脑袋两条腿。学校是一个有机体，这在闵行四中的日常生活中得到了生动体现。屠红伟校长思路十分清晰，这种清晰不仅是在事理意义上，比如如何组织、配置骨干和如何提升学生学业能力等，而且把四中建成了一个事理与情理相融的教育世界，如看到了学生能力提升带来的自信，关注了教师发展的扬长策略。日常实践的伟力在情理与事理、成人与成事、事变与人变的相互转化中生成。就一个完整的人而言，如果说事理指向人的做事能力，那么情理则指向人的情感和灵性、道德与精神力量等。

二是新型学校之"魂"。叶澜指出，新型学校的特征是价值提升、重心下移、结构开放、过程互动和动力内化，这些特征在由学校领导与管理、教学和学生工作组成的两个层次三个领域中都应得到具体综合的体现。①这些特征可以说是"新基础教育"研究试验校和"生命·实践"教育学研究合作校的魂魄。叶澜对"新基础教育"研究基地校和"生命·实践"教育学研究合作校的更高要求是"综合融通（整体融通）"，学派教育信条中也把这六大特征作为新型学校内在气质的整体表达。以此为基础，"生命·实践"教育学派的12个信条、"新基础教育"的研究追求和研究精神、叶澜有关学校教育新生活的16字表述，构成了"生命·实践"教育学研究合作校的精气神。

---

① 叶澜.回归突破："生命·实践"教育学论纲［M］.上海：华东师范大学出版社，2014：21.

政治课教师方云娥：

知晓、领会国家近阶段的重大政策，比如，"一带一路"倡议，也是作为一名初中生应有的素养，但要真正领会，需要一些跨学科的知识，于是我们就想到了借助年级组、生态区平台，开展主题式融通教学活动，第一次开展融通教学，经过组内教师多轮讨论、碰撞，最后课题定为："丝绸之路经济带之走进哈萨克斯坦"。两位年轻教师和我，共同执教这堂课。生态区的政史地教师和历史教研员参与了本次研讨活动。课堂上学生全情投入，抢着说自己了解的哈萨克斯坦。有模有样的学生微论坛，给听课的教师们留下了新颖、效率高的印象。

这次学科融通的主题式活动，对参与本次活动的教师、学生来说，收获是很大的，教师的思路打开了，学习、研究的意识增强了。活动后，有一位学生在路上碰到我，问："老师，下次活动什么时候再举行？"也有学生在社团小结中写道："开始畅想自己的未来，对自己的未来有了向往。"

三是变革路径，即研究性变革实践。前述的"魂"如何化入"体"内，基本路径是学校各个层面上的研究性变革实践。8个座谈交流从不同层面、领域和主体呈现了日常性的研究性变革实践。在多层次、多领域与多主体之间的共通互化过程中，"新基础教育"研究的独特性在于理论研究者与教育实践者在成人与成事、理论与实践、时代转型与学校转型互动过程中的共舞和共长。叶澜在《略论"新基础教育"研究之路的若干特征》一文中指出："我们完成了理论研究者深入实践的'深度介入'研究，与教育实践者学习、研究、运用理论，为新理论的创生提供新经验及实现自身发展的'研究性变革实践'两种相呼应，且并存于'新基础教育'研究中的，独特的教育理论与教育实践的结合方式。这一独特的研究方式使我们在找到变革实践中实现

'成人'与'成事'相统一之基本途径的同时,发现了要使理论与实践能够交互生成、相互转化,就一定要有共同合作的创造性、研究性实践。只有在这样的实践中,才会形成双方的共有经验,才有可能建立起两类主体相互依存、相互滋养发展的新型的内在合作关系。"①

九年级物理备课组臧丽丽:

就像对学生动手做实验的指导一样,我也慢慢摸索出了适合自己的学习方法。参加工作以来,学校青藤工作坊给青年教师安排了很多资深教师的经验分享,有关于备课、说课和评课方面的,也有关于班主任工作等方面的。每次听的时候都感觉特别好,特别有用,也非常认真地在记笔记。但慢慢我发现,其实真正获得成长的方法不光是听讲座和写感想,更要在现实教育教学实践中,去跟身边的老教师咨询讨论,然后内化成适合自己风格的处理方式,而不是照搬照抄前辈们的经验方法。每个人都是独特的,学生是,教师也是,只有能体现个体自主性、个性化的成长才是真正的提升。参加工作的这三年多来,让我感受最深刻的就是我们闵四的这种自觉、融洽的氛围,只要肯去问,去学,"三人行"队伍的教师们都会帮你的,不会遮遮掩掩。就像我的班主任工作一样,从如何搞好班级卫生、组织班级活动到如何处理学生的突发问题等,老教师会帮你分析,中青年教师会与你分享他们是怎么做的,这种环境无疑促进了我的自觉发展,而且这种积极的氛围使我自觉,发展的意识从学生身份转化成教师身份后得以保留。

以上有关"生命·实践"教育学实践态的认识也可以看作闵行四中作为"生命·实践"教育学研究合作校所提供的基本经验。

---

① 叶澜.略论"新基础教育"研究之路的若干特征[J].基础教育,2011.8(2):9.

"学校是师生开展教育活动的生命场",这是学派信条中的表述。"场"字所表达更多的是一种综合融通的思维方式。闵行四中的创造性在于,不仅寻求两条腿之间的融通,而且把一线(教师)和二线(校工和其他提供支持服务的人员)都融通起来了。

以上综合融通是通过三层次的创设来实现的。

一是组织创设,包含生态组层面的核心推进小组,学校层面的教学调研团队,以及各类中间组织和基层组织,如大备课组建设、自育型备课组、"三人行"组织、师徒结对等。从性质上说,既有行政性组织,也有非行政性组织;既有常设组织,也有临时性组织。通过教研组与教研组互通、年级组与年级组互通、备课组与班主任互通、教研组与年级组互通等,不同层面和性质的组织形成了一个复杂的网络。因此,生命场的依托是组织场。

数学教研组组长唐伟宏:

备课组建设的形式有创新和改进——"大备课组建设":从以往同年级备课组"三人行"活动,改进为四个年级的备课组组长定期和不定期的活动。定期活动主要是指由教研组组长召集,每2周一次,研讨教学内容的重难点,教学方法的优化,教学困难点的突破,学科活动的组织等。不定期主要是指某个备课组有教研活动等,会邀请其他备课组组长参加。

七年级年级组组长萨如拉:

在年级工作中,我们年级也有不少自己的特色。例如多个团队多管齐下的格局。我们年级有"三人行"、年管会、备课组、三长联动、自育导师等一系列的教师团队,每一位教师都身兼数职。每个人都努力从不同的层面、不同的视角去了解学生,从而引导和帮助学生在我们的年级生活中快乐地成长,多方面地发展。

组织创设不仅体现在教师组织创设上，还体现在师生和学生组织的创设上。

数学教研组组长唐伟宏：

除了做好常规工作，我们还在理科组组长培养、学习互助小组的组建上加快步伐，以点带面，在班级中形成学科带头人群体，把教师的主导作用辐射到这个群体中，让他们能分担教师的部分主导作用，逐渐过渡到自学辅导模式。理科组组长主要承担课堂作业的批改，课上及时指导组内困难学生，每周五向教师、家长简单反馈组员的数学学习情况和困难等。学习互助小组由学生自由组合，教师进行协调，并由学习委员和数学课代表制订活动要求和奖励措施，主要活动时间在课间和自修课上，以讨论问题和辅导困难学生为主，每周一次反馈，每学期两次总结，最后评选出最佳学习组合。

七年级年级组组长萨如拉：

到了七年级，考虑到七年级对于学生来讲是学习上一个分水岭，也为了在年级中营造互相竞争、互相学习的氛围，我们在三位备课组组长相互配合下创设了"星蕾俱乐部"，吸纳了很多优秀学生，并进行了揭牌仪式，营造了一种以进入"星蕾"为荣的积极的学习氛围，带动了一大批学生的进步。

二是角色创设。上述组织创设为不同主体提供了多元的角色体验，同时组织场作为一个网络也为多元角色之间的转换和流动提供了契机。多元角色之间的转换、流动、迁移，一方面为个体全面融入和参与学校教育世界提供了可能，另一方面为个体打开了一个充满多重可能的发展空间。人人成为主人，人人角色多元化，个体的格局、胸怀、情怀、情义、心态、责任、担当等在角色场中绽放。生命场的基质是角色体验场。

七年级年级组组长萨如拉：

作为一名数学教师，跟随吴老师和学校数学团队不断探究新课型，挖掘数学学科特有育人价值的同时，努力将自己每一次的教育教学与学生实际相结合，切实促进学生的学习和思维发展。但此时我仍对"如何将数学学科所特有的思维方式和方法结构与学生的实际生活相联系，引导学生在学习生活中感受数学特有的魅力和使用价值"存有疑虑，找不到一个合适的场域去发挥。

2012年，我做了班主任。在班级建设和学生管理工作中我似乎得到了一些启发。如果说我在数学教学中看到的是学生的生命，那么在班级管理中我开始真正意义上触摸到了一个个完整的学生生命。此时我所具有的学生视野开阔了，我开始将自己在数学教学中领悟到的各种数学教学方法结构运用到班级管理当中。如"长程两段"的教学策略，就被我用到班级干部的培养上，先培养一组得力的班委，再指导这批班委带领另一组班委，双班委就这样慢慢地发展成熟起来。在实践中我努力将自己的数学教学与班级建设相融通，去寻找契合点。

2017年，担任年级组组长之后，我不仅想的是学科与班级建设的融通，也开始思考并实践如何将各项学校级别的活动与本年级学生的生命需求相结合，将活动的价值和意义更具体到自己年级的学生身上。这个时候我的学情视野更加开阔了。

数学教研组组长唐伟宏：

2016年9月，我的角色从年级组组长转换为数学教研组组长，这对我既是挑战也是鞭策，能让我有机会更全面地成长。为了能顺利进入新角色，我在暑假里就着手准备工作。我把原六、七、八三个年级每次期中期末考试的成绩进行了汇总，虽然资料不全面，开学后还要再收集补充，但是根据现有的数据分析，还是能清晰地看出问题：六年级整体成绩呈现下降趋势，尤其是低分率没有得到有效控制；七、八年级整体比较稳定，但是在优良率上与区平均水平存在差距，影响了平均分。基于现状，我对四个年级的数学教学提出了一个长程的目标：六、七年级抓计算，重基础；八、九年级抓方法，重能力。在及格率和优良率上双管齐下，才能切实提高整体水平。

八年级数学组备课组组长李静：

备课组组长职务压力之下我开始注重每节课各环节间的有序推进，开始注重学生在课堂上的主体地位，最重要的是我开始了数学学科活动对数学学习促进作用的探究之路。

当时的七年级组掀起了学科活动的热潮，从语文的"汉字书写大赛""还书大赛"到数学的"数学思维知识竞赛"，各种学科活动给学生的校园生活添加了亮色，也让各学科的魅力得到了提升。顺应这股热潮，我们六年级也接到了开展学科活动的任务，任务是上级分配的，但我想着既然要做，就要做好，做到对学生有触动。

经过对七年级数学活动的观摩思考，我用了一个月时间进行策划和组织。第一季（六年级）数学小达人知识竞赛终于在2016年6月3日举行。在这一季数学小达人活动中，我一改传统竞赛选手比赛观众观赛的模式，以全场联动的方式，让六年级所有学生都参与到比赛中去。"必答题"不光竞赛选手要答，场下观众也能答，答对了马上能得到一份小奖品，这一方式极大调动了全体学生的积极性。

三是活动创设。闵行四中2015年有三场活动颇具代表性，涵盖了图书馆工作与语文教学沟通、实验员同理科教师相互召唤、学科与班队的融通。

校长屠红伟：

以2016年中学生态区专题研究为例，我校作为常任组长校，相关责任人根据各校普遍存在的专用室岗位工作缺乏研究，与教育教学有脱节等问题，以综合融通的思维方式开展策划、落地实施，将研究的触角进一步延伸，在集群校内开展了"图书馆工作与语文教学无缝衔接，创造阅读教学新生活""实验室工作与理科教学互相召唤印证，创建理科教学新课堂""班级生活与学科教学融通，'1+1大于2'，放大学科育人价值"三场专题研讨活动，专职实验员、图书管理员、班主任等与相关学科教师同进一个现场，共研一个主题，研究实践的边界拓展了，内容通化了，从课内延伸至课外，从教室延伸至实验室、专用室各场所，力求让学校每一个场所，每一个时段都充满育人的芬芳。不仅学科教师从中受益，实验员、图书管理员等专业岗位人员的专业精神、专业能力也得到激发与提升。

数学教研组组长唐伟宏：

提高教学效率和教学成绩的方法越来越多样化。（1）教师互相听课。同学科、跨学科的听课，教师间互相了解，互相认识各自教学上的优缺点，以便心中有数。（2）教师结对。新老结对、男女结对、异学科结对，通过结对教学，取长补短，以便相互理解。（3）组织教学谈心活动，交换意见，以便反思改进。（4）组织教学专题讨论会，就教学方法、教学技巧、教学心得进行专题发言，以便信息互通，成果共享。

卫生老师张燕：

老师们都在谈学科育人价值，我也在想，我的育人价值在哪里。我也和体育老师们一起探讨，觉得我们学生的肥胖率比较高，可以此作为突破口，让学生养成良好的生活习惯，提高身体健康水平，降低一些慢性病的发病率。

除了跨一线二线、跨领域的教师发展活动，还有面向不同类型教师的发展活动，如骨干教师、青年教师和新教师的相应发展活动。

在面向学生的主题综合活动方面，包括遇见系列、毕业季活动等，再如借助"一带一路"研究，把政史地合拢，且产生了政史地与年级组的互通。活动创设也包含已有活动的更新，如自主式升旗仪式。

组织场与角色场、活动场构成了一个三角互动关系，共同表征着学校生命场的意蕴。学校是一个全息系统，组织场、角色场与活动场及其间的互动也体现在日常的学科教学和学生工作领域中，尤其是班级建设中。

总之，"生命·实践"教育学的实践态体现着"生命·实践"教育学之道。这一教育学之道渗透在学校的每一毛细血管之中，从而成为闵行四中日常生活中涌动着的活的教育学。

（二）内在气质

学校作为一个有机整体，其生命活力和内在气质就在于价值提升、重心下移、结构开放、过程互动、动力内化和整体融通。这些气质也是"新基础教育"研究所追求的新型学校的内在特质。2017年10月18日，在广东省深圳市光明新区"新基础教育"生态区总结会上，叶澜以"解读'新基础教育'64字"[①]为题做了专题报告，并把这些内在特质作为"新基础教育"的研究追求进行了系统的解读。

一是价值提升、重心下移。她说："精神要提升，实践重心要下降。"价

---

① "新基础教育"64字由"新基础教育"研究精神32字与"新基础教育"研究追求32字构成，分别是对"新基础教育"研究精神与追求的高度凝练。"新基础教育"研究精神是"知难而上，执着追求；滴水穿石，持之以恒；团队合作，共同创造；实践反思，自我更新"。这一有关"新基础教育"研究精神的凝练表达由叶澜在2001年提出，并在发展性研究阶段结束时制作了"纪念铭牌"给每个学校留念。"新基础教育"发展性研究报告在2010年辑录于叶澜、李政涛等著《"新基础教育"研究史》（教育科学出版社2010年版）时曾把"新基础教育"研究精神32字调整为24字："执着追求，知难而上；实事求是，滴水石穿；多方合作，团结奋斗"，后来又回到32字的表达。"新基础教育"研究追求是"价值提升，重心下降；结构开放，过程互动；动力内化，综合融通；主动创造，自我超越"。

值提升反映的是新型学校的存在价值转换，重心下移反映的是新型学校的实践重心转换。两者相互关联，又各有侧重。前者侧重学校的办学理念变革，后者侧重学校的实践策略变革。正如叶澜在专题报告中所言："一个升，一个降，这是'新基础'一开始就要突破的问题。价值提升是什么？它指向为什么办学的思考。'新基础'明确提出为了学生的主动健康发展而办学。教育的责任就是促进学生发展……"而"重心下降，在实践中最难做到。如果教师上课还是一对一地一问一答，那可以说，课堂教学改革连'新基础'的'门'都还没有入。重心下降，孩子就活起来了，冒出来的许多信息都是有价值的。我们可以把这些问题收集起来，再往下放。"

常州市局前街小学价值提升、重心下移案例[①]

数学组率先将"重心下移"迁移到教研组建设中，建立"责任人"与"合作者"的关系，进一步提升了数学骨干教师的整体规划意识与写作能力，发挥个人特长，从而呈现出教研组的创造力与活力。教研组的组织管理逐步从"控制"走向"合作"，更多的教师参与到管理之中，成为学科建设、项目推进的"责任人"。"责任人"与"合作者"的双向整合，激发了每一个层面教师的主人翁意识。良性的人际关系和管理方式的基本确立，使教师在把握好自己的双重角色的同时，形成良性循环。当一个整体不断迸发出新思想、新思维时，常规随之形成习惯，过程推进不再需要琐碎的工作布置，每个人都对自我的工作有一个整体清晰的规划，具有明确的目标指向，如此循序渐进地完成"奠基型"工程。

将"重心下移"迁移到数学组建设后，数学组的文化很快发生了

---

① 李伟平，等.整体化成：始于理念成于生存方式——常州市局前街小学"新基础教育"研究变革史［M］.福州：福建教育出版社，2014：40-41，81-92.

变化，教师的主动性被点燃了，整个教研组从"要我做"变化为"我要做"。与此同时，语文组在此基础上更新了"责任人"与"合作者"，将其与"项目突破"整合起来，鼓励一部分骨干教师聚集力量，成立研究团队，突破重点难点。学生工作组则是给予"责任人"更多的"师傅带徒弟"的职责与工作，在日常工作中尊重教师的差异资源，形成良好的学习互助关系，促进教师的整体发展。

日常生活中，在局前街小学经常能听到类似这样的话：

——"新生夏令营中，我们总是对学生进行常规教育，有没有考虑到学生第一次跨进校门，他们需要的究竟什么？我们是不是缺失了学生立场？"

——"今天的课堂上，有一个环节我又替代了学生，图形分类时，我的语言和动作就给了明显的暗示。'重心下移'说出来简单，真正落实在每时不容易啊！"

——"这件事情请她来做比较合适，因为她非常愿意做这一类的事，动力内化了，动作就快，效率就高。"

——"每一次学校规划的制订一定要三放三收啊，放给教师，放给家长，放给孩子们，听听他们的意见，学校不是校长的，不是中层的，是我们大家的。有了过程互动，才能有真正适合学校发展的好规划。"

…………

当"成人中成事，成事中成人"的"新基础教育"理念在局前街管理层心中扎根时，李伟平校长和他的团队逐渐发现：中层管理层因为长期在一个岗位工作，出现了一定的"管理疲劳"，创新力不够；而与此同时，很多具有创造力、渴望参与学校管理的教师却又没有平台，其潜能得不到释放与发挥。如何让这两种力量有机补充，互相促进，共同合作？如何让更多的教师与学校在相互作用和相互构成中生存与发展，实现学校管理层面的"岗位升级"呢？李伟平校长有了一个新的管理创意:项目管理。通过项目管理创意,让智慧从最"草根处"涌出来,让机制从最"草根处"改起来,让活力从最"草根处"溢出来,让品质从最"草根处"高起来。

二是结构开放、过程互动。结构开放是对新型学校作为开放系统的整体性质的描述,过程互动是对新型学校在运作过程中所呈现的动态特质的描述。两者是相互锁定、相互促进的,"正是开放的结构,才有了互动的过程",而有了互动的过程才能生成更高程度的开放结构。如果说价值提升、重心下移是"新基础教育"研究启动阶段的变革,那么可以说结构开放、过程互动是"新基础教育"研究中间阶段的变革,也是"能不能改变课堂教学,包括学生工作、学校领导与管理等整体局面的核心要求"。本书第三章对课堂教学中的结构开放与过程互动进行了系统阐述。

三是动力内化、整体(或综合)融通。这是"新基础教育"研究进入更高阶段的要求。"动力内化,就是要进入自觉的状态",这是新型学校最深层次的发展动力转换,而综合融通,是对"新基础教育"研究基地校、"生命·实践"教育学合作校的更高要求。

例如,在江苏省常州市局前街小学,教育的生命价值被唤醒后,教师实现了从骨干到全体、从外在到自我、从话语到理解内化的深入植根。从班主任到全体教师,大家的心目中不仅有了人,而且有了整体的人,能处处从发展、成长的角度去关注人,做好自己的教育教学工作,教育实践中形成了教育生活"新常规""新基本功"和"新习惯"。教师们践行着对教育的理解,用理性的认识清晰地推进自己的研究,而且对理论有了自己的体悟并逐渐在内化中日常化,呈现出师生生存交往方式的深度转化。①

---

① 李伟平,等.整体化成:始于理念成于生存方式——常州市局前街小学"新基础教育"研究变革史[M].福州:福建教育出版社,2014:231.

以上三个方面六个特质是内在相关的。新型学校的存在价值在于以培养人的健康、主动发展的意识和能力为本,而实现培养目标是学校最根本的内在动力,需要渗透于学校工作的不同层面和不同领域。这一系列内在特质使得新型学校是一个能够吐故纳新、主动创造和自我超越的有机体。

"新基础教育"成型性研究优秀校长华坪小学王叶婷颁奖词摘要

在"新基础教育"基地建设以来的两年中,王叶婷校长带领学校领导班子成员、中层干部及全体教师,认真理解和内化"新基础教育"理念,从分析学校发展初始状况,寻找发展优势、潜力和问题出发,主动策划、科学规划学校的建设与发展,努力探寻一条符合校情的学校制度变革和文化更新之路,在如下方面取得了较为突出的成就。

从学校改革的实际需要出发,在制度的系统梳理、反思、调整、重组的基础上,形成了内容精练、覆盖全面、功能整合、富有创意的学校内部制度体系。基地建设中的若干新举措,如"阳光教师"命名、听说评课的反思与重建、"优秀工作法"命名、学校社会联动共同体等,都能及时地转化成制度形式,进一步规范、激励和促进学校各方面变革的持续和深入。

在基地建设从自我诊断到决策规划与实施的全过程中,引导全校教师以共同参与、合作探索、对话沟通、行动和体验的方式,逐渐形成了以"和、乐"为基本特征的本校特色文化,有力地增进了全校师生为创建"新基础教育"品牌学校而奋斗的凝聚力和创造力。

在学生工作方面,引领学校努力构建骨干班主任培养机制,激发他们的问题意识,提升骨干班主任教师的教育理念、工作智慧和研究能力，发挥其在整个班主任队伍中的辐射和引领作用，形成重建"新基础教育"班级文化建设的良好氛围；同时，充分利用校内的基础资源，以主题班队活动探索为依托，发现学生在不同年级的不同成长需求，形成对学生成长变化规律的系统认识，并以此作为学校工作的前提和出发点。

如果说有关学校的隐喻表征着叶澜有关学校境界的诗性语言，有关学校是一个有机体的判断表征着叶澜有关学校境界的诗性思维，那么可以说有关生命本身和生命理想的理念表征着叶澜有关学校境界的诗性心智。从有关学校的隐喻表征到有关学校是一个有机体的判断，再到有关生命本身和生命理想的理念，不断深入到叶澜诗性智慧的内核。关于叶澜诗性智慧的内核，前面已有较多讨论，这里不再赘述。但需要指出的是，叶澜有关学校是一个有机体的判断同她对生命本身和生命理想的判断是相互映照的。换言之，在讨论学校境界这一主题时，教育之眼①与生命之眼是互构互释的②。学校境界之形在于学校形象及其气质，而其魂魄在于生命精神与生命发展之道。前者主要凝练表达为"新基础教育"研究追求，后者主要凝练表达为"新基础教育"研究精神。

二、深根共生

魂体相附、形神兼备、文质彬彬，是叶澜有关学校境界的基本审美表

---

① 关于"教育之眼"的讨论参见叶澜."新基础教育"成型性研究（2004—2009）结题报告［A］.叶澜，李政涛，等."新基础教育"研究史.北京：教育科学出版社，2010：118.
② 斯宾塞曾经提出"社会机体"的概念，并将社会组织的特性同生命机体相类比："社会分工类似动物机体器官的分工，可以用生物的自然选择解释社会的进化"。当然，学校作为社会机体中的一种特定类型即文化机体，具有诸多特殊性。

达。这一表达主要聚焦于学校这一变革研究的基本单位。但是，学校是处在一定的时空中的，学校发展离不开过去、现在与未来这一时间维度上的积淀，也离不开同周围小环境与大环境之间的互动。叶澜于2012年5月5日在华东师范大学举行的"新基础教育"扎根研究总结交流会上指出，"新基础教育"试验学校应该把橡树精神和榕树精神合二为一："如橡树根深叶茂，似榕树独木成林"①。深根共生是把学校作为一个时空交汇点而提出的一种审美表达，是对形神兼备的学校形象的拓展和提升。

（一）橡树精神

一方面是"深根"，即"新基础教育"试验学校要把根深深地扎住，坚守"新基础教育"研究的教育理想、价值追求和信念。只有把根扎深，才能具有顽强的生命力和内在积蓄力量。深根意味着实实在在地做，切切实实地悟，真真实实地长。深根既有坚守的一面，也有发展的一面。而且，只有在坚守中才能发展，也只有在发展中才能坚守。

就深根过程中发展的一面看，实际上提出了"新基础教育"试验学校的深化发展问题。叶澜对深化的"四化"内涵进行了系统的阐述。首先是系统化，通过清晰的结构增强学校的内生长力。其次是精细化，即抓住关键细节。再次是融通化，涉及各个学科、领域的互动，上下层级之间的互动等。最后是生存化，即把"新基础教育"的理念化入每个人心里，化入日常教育教学的新基本功中，变成师生在校的日常生活方式。

例如，上海市闵行区华坪小学王叶婷校长带领学校管理层进行了机制研究，以深化发展。在前期学校制度改革成果基础上，华坪小学进一步完善了叶澜提出的"四大机制"——治校机制（校长负责与民主参与）、实施机制

---

① 叶澜.执着坚持之强 创造发展之功："新基础教育"扎根研究总结［A］//变革中生成：叶澜教育报告集.北京：中国人民大学出版社，2019：225.

（分工负责与协作推进）、发展机制（评价反馈与激励完善）、动力机制（常规保证与研究创新），旨在通过相关制度、组织、渠道、平台诸方面不断跟进与更新，使各领域项目任务的运作畅通无阻，让先进理念渗透或呈现于每一个人的思想和行为之中[①]。

（二）榕树精神

另一方面是"共生"，即"新基础教育"试验学校要"不断地开拓、创造新东西，不断地在与社会环境的互动中实现发展"。共生既同学校与大环境的互动有关，也同学校与小环境的互动有关。就同大环境的互动而言，"'新基础教育'是当今中国教育改革大潮中的一朵浪花。它的飞跃之势因激越的大潮与坚硬的礁石碰撞而迸发。尽管我们坚持以'学校'为基本改革单位，但'小学校'却是连着'大中国'，我们的学校改革连着整个中国的基础教育改革。它与上层的决策也直接相关"[②]。

上海市闵行区汽轮小学基于学生立场在学校同大环境的互动上创造了独特的共生经验。基于"小家乡·大中国"的生源特点和文化导向，以生源家庭独特的乡土文化资源为基础，以中华民族独特的民族心理、道德伦理、精神气质、价值取向和审美情趣等为深层底蕴，以五千年中华文明史和广袤的中华大地为时空布局，以中华民族独特的文化为总主题，开展了不同类型和不同主题的文化巡礼教育活动[③]（见表6-1）。

[①] 王叶婷，等.一坪绿色：在新世纪阳光下呈亮——上海市闵行区华坪小学变革史[M].福州：福建教育出版社，2014：135.

[②] 叶澜.执着坚持之强 创造发展之功："新基础教育"扎根研究总结[A]//变革中生成：叶澜教育报告集.北京：中国人民大学出版社，2019：225.

[③] 王培颖，等.校无贵贱：是花朵就会绽放：上海市闵行汽轮小学变革史[M].福州：福建教育出版社，2014：121-124.

表6-1　上海市闵行区汽轮小学学生生源家庭乡土文化资源库[①]

分布区域	学生比例	名胜、名人	过年风俗、民间艺术	家乡游戏
上海	26.3%	名胜：松江方塔、嘉定孔庙、豫园、古漪园、文庙、中国共产党第一次全国代表大会旧址、淞泽古文化遗址等 名人：巴金、宋庆龄等	过年风俗：上海人过春节较注重的有两个风俗，一是吃年夜饭，二是逛城隍庙 民间艺术：沪剧、皮影戏、粘面人、糖画	弄堂游戏：男孩滚铁环、打弹子、打陀螺、斗鸡等 女孩跳橡皮筋、丢手帕、踢毽子、抓筛子等
浙江	3%	名胜：杭州印象西湖、温州丽水古街、温州瑶溪风景名胜区、湖州南浔章鸿钊故居、千岛湖、天一阁等 名人：陆游、金庸	过年风俗：绍兴的祝福 民间艺术：南戏、越剧、昆剧、评弹 民间舞蹈：龙灯、狮子、竹子、跳仙鹤等	跳房子 翻花绳 抖空竹 滚铁环
安徽	43.2%	名胜：合肥包公园、芜湖镜湖、蚌埠禹王庙、淮南八公山、马鞍山太白楼、淮北相山风景区、铜陵天井湖、安庆天柱山、安徽黄山、阜阳八里河、宿州皇藏峪、滁州琅琊山 名人：管子、老子、庄子、曹操、华佗、朱元璋、吴敬梓、朱熹、冯玉祥、李鸿章、詹天佑、管仲、毕昇、戚继光等	过年风俗：除夕的年夜饭是全年最丰盛的一餐。皖北人吃饺子，皖中和皖南人则在吃饭前放鞭炮、贴春联、祭祖。吃饭之前，长辈要用红纸包钱给每个孩子，称为"压岁钱" 民间艺术：黄梅戏、皖南花鼓戏	民俗体育傩舞、愚公移砖等
闽南	9.4%	名胜：蓬莱镇清水岩、泉州十八景、清源山、蔡氏古民居、岱仙瀑布、郑成功史迹、涂门街等 名人：苏颂、宋慈、严羽、杨亿、柳永、郑樵、袁枢、郑成功、林则徐等	过年风俗：福建的贴"门蔗" 民间艺术：布袋戏、提线木偶、南音、陶艺、拍胸舞、剪纸、梨园戏等	跳格子（闽南称：跳脚关） "打寸" 炒米芳 骑竹马 扔沙包

[①] 王培颖，等.校无贵贱：是花朵就会绽放——上海市闵行汽轮小学变革史[M].福州：福建教育出版社，2014：121-124.

续表

分布区域	学生比例	名胜、名人	过年风俗、民间艺术	家乡游戏
东北	1.5%	名胜：辽宁凤凰山、巫闾山、笔架山；黑龙江松花江、太阳岛；吉林长白山、天池等 名人：杨靖宇、杨利伟、张学良等	过年风俗：东北人过年讲究热闹、喜庆，年俗也就特别多。吃带硬币饺子交好运、年夜饭后吃冻梨、年三十点长寿灯、正月不剪头、初一初二不扫地等 民间艺术：二人转、旱船、打花棍、踩高跷等	滚铁环 抽陀螺 抓羊拐 抖空竹 撞拐
齐鲁	9.7%	名胜：趵突泉、大明湖、千佛山、崂山、孔庙、孔林、梁山、蓬莱阁、泰山等 名人：孔子、孟子、孙武、孙膑、扁鹊、鲁班、王羲之、颜真卿、戚继光、李清照等	过年风俗：胶东的人们有蒸饽饽过年的习俗；齐鲁还有"以剪纸贴灯花，以彩纸挂门楣"的习俗 民间艺术：杂技、吕剧、刺绣、年画、剪纸、泥塑等	踩高跷 坐轿 骑竹马 跳马 踢毽 跳房子等
陕甘宁边区	5%	名胜：西安钟楼、大雁塔、延安革命纪念馆、华山、延安宝塔山、西安碑林、西安兵马俑、法门寺、明城墙、华清池、壶口瀑布、乾陵、黄帝陵、秦始皇陵等 名人：刘志丹等	过年风俗：陕北的扭秧歌 民间艺术：民歌会	摔跤 掰手腕 拔河 举石锁 击沙袋

就"新基础教育"试验学校同小环境的互动而言，主要涉及"新基础教育"生态区和共生体这一独特的发展环境。叶澜指出："我在生态区调查中，有一个非常重要的发现：生态区的合作研究使课堂改革的重建课可以在不同学校间开展。在这个过程中，合作是互动共生的。"[①] 她特别指出，合作

---

① 叶澜.执着坚持之强 创造发展之功："新基础教育"扎根研究总结[A]//变革中生成：叶澜教育报告集.北京：中国人民大学出版社，2019：228.

研究中的"广化"不同于"扩展化""示范化",它不是只通过简单的示范和迁移,而是"在相互交流合作中发展学校内生力,更具有智慧,更需要勇气"。这一广化且共生的过程既发生在生态区内,也发生在不同生态区之间。"新基础教育"研究"共同体"改称为"共生体"直接源于叶澜所发现的共生经验。当然,更名不只是名称的更换,更意味着一种新文化的形成:"在核心精神上体现'多元组合、差序推进、交互学习、同根共生',在思维方式上体现'生态式思维'"①。

上海市闵行区汽轮小学自2011年9月起进入生态式推进阶段,2012年9月与上海市闵行区花园学校同时担任闵行区域生态式推进"新基础教育"实践研究第四生态区的组长校,主要任务是与组内两所核心校(明强二小、闵行小学)、五所成员校(申莘小学、曹行小学、景东小学、吴泾小学、吴泾三小),以及两所民办民工子弟学校(育苗小学、双江小学)共计9所学校构成第四组生态区,共同开展日常"新基础教育"实践研究,并在此过程中促进每一所学校的发展。在探索过程中,形成了强己成人的生态式推进实践策略,包括学习先行——明晰第四生态区三年发展规划、确立参照系——规划学校整体转型发展、关注差异——提升现场学习力。②

华坪小学在"共生"过程中,设立三大平台,形成了"共生资源整合机制":一是合作教研平台,包括语文组的伙伴引领,数学组的联合教研,外语组的学习观摩和综合组的区级课堂研讨等;二是国际交流平台,包括加拿大姊妹学校文化交流,结对班级的系列活动等;三是校社联动平台,包括挖掘整合"世博"资源促进教育教学,参与街道科技节、学习节以优化教育生

---

① 叶澜.生态区建社:"新基础教育"研究发展的新形态[A]//叶澜.变革中生成:叶澜教育报告集.北京:中国人民大学出版社,2019:233.
② 王培颖.校无贵贱:是花朵就会绽放——上海闵行汽轮小学变革史[M].福州:福建教育出版社,2014:35-40.

态等。①该校倡导牢牢抓住每一个"合作研究"的机会,打造自己的强项,改进自己的弱项,做到知己知彼(取彼之长,补己之短)、助人强己(分层合作,锤炼骨干),并由此取得了显著成效。如在校社联动上,构建了校社联动日常化、基地化、网络化、制度化、实事化和仪式化等日常沟通机制。经过社区与家庭对学校教育参与和评价,学校的教育教学质量显著提高,凝聚力日益增强,在社区百姓中口碑良好。

如果说形神兼备是"新基础教育"试验学校的基础性境界,那么可以说深根共生是更高一层的学校境界。两种境界之间的差异在于,形神兼备只是学校的"小我"境界,深根共生则是学校的"大我"境界。

三、自然而然

"自然而然"是"新基础教育"试验学校发展的最高境界,也是"生命·实践"教育学追求的教育最高之境。2018年5月12日,在江苏省常州市举行的全国"新基础教育"共生体第十次会议上,叶澜对这一境界用诗性的语言做了如下描述。

> 厚朴如树:扎根于土,坚实不移;不图虚名,不玩花样;成全生命,舒展成长。
>
> 温润如玉:经久积淀,化为内质;光自心出,方得温润;自在自如,悦己养人。
>
> 灵动如水:不畏高山,不惧险阻;一往无前,无怨无悔;坦荡灵动,得大自在。
>
> 绚丽如凤:生命多姿,五彩缤纷;精神奋发,涅槃重生;爱心不

---

① 王叶婷.一坪绿色:在新世纪阳光下呈亮——上海市闵行区华坪小学变革史[M].福州:福建教育出版社,2014:142.

变,欢乐永存。①

以上描述包孕着金木水火土,可谓是有关学校发展的"五行说",集中体现了叶澜教育研究中的诗性智慧。达至自然而然之境需要持续地修炼,并展现出独特的精神长相。

(一)持续修炼

相对于学校的"小我"之境和"大我"之境,"自然而然"就是学校的"无我"之境:"使价值化为信念;将教育之道内化于心,外在于行;练就'新基础教育'、教学和学校领导的新基本功,使习惯成自然,达一切自然而然之境,这是大修炼"②。大修炼才能获得大自在。这一大修炼包含以下三重内涵。

1. "教育所是"——修炼的依据

叶澜认为,"生命·实践"教育学派所认识的"教育所是"包括三个方面:(1)价值确定,即"教育是促进人之生命成长,通过'长善救失'的教育实践活动,使参与者变得更美好,承担起自己从事职业的社会责任";(2)思维转型,即"走出片面抽象、孤立对立、非此即彼等简单归纳、判断和推理的思维方式。用复杂思维方式研究教育活动内在的矛盾、张力、关联、互动、生成、转化等复杂关系,研究教育系统的结构、生存和发展之原道";(3)以身立学,即"我言即我信,我信即我行"。

基于笔者的实践经历和学习收获,对于"新基础教育"研究参与者而言,以下三个方面的思维方式十分重要。

一是全程思维。

---

①② 叶澜. 新时期"新基础教育"研究再出发 [A]//叶澜. 变革中生成:叶澜教育报告集. 北京:中国人民大学出版社,2019:262.

从过程时段上看，区域生态区建设一般要经历三年时间。第一年的重要活动包括学校调研、学校发展规划论证等节点事件。合作研究参与者尤其是领导者与指导者，对全过程中的节点事件需要胸有成竹，清晰每一时间节点所需要达成的目标和实现路径。

在合作研究初期，组织学校制订和修订学校及各领域的三年发展规划，包括规划的制订、论证、修订和完善等。这一目标的实现路径是：先由学校重心下移，主动制订，理论研究者提供过程性论证与指导，并在合作研究实施过程中，进一步修改完善。在这一过程中，需要注意的问题有：规划怎么产生的？解决什么问题？问题的原因是什么？怎么推进？有哪些推进策略？同以前做规划的区别在哪里？

在合作研究中期，组织学校开展各领域的"问题诊断"和"中期评估"。"生命·实践"教育学研究院提供学校领导与管理、学科教学、学生工作、教研组工作等领域评价指标，成立由合作双方联合组建的评估小组，共同制订评估方案，对学校研究状态进行评价，给出质化与量化结合的反馈建议，促进学校进行自我问题诊断、反思总结及在更高水平上重建的能力。

基于学校中期评估的基础，组织学校开展评估后的日常教育教学的"普查"活动。对每所学校进行全程、全员、全覆盖式的普查，促进学校把弱项做强，改革研究走向"全、实、深"，同时发现各校突出的、富有创造性的经验与成果，总结优秀教师、班主任和教研组的研究创造，提升教师梯队的建设品质。

在合作研究后期，基于学校"全、实、深"研究的普查基础，组织学校开展"精品课"研讨活动，即以"研究专题"为单位，在学科教学和学生工作各领域，进行"精品课"的研究，促进学校形成具有阶段性"精、特、美"特征的研究成果，集聚合作研究的优质资源，为学校持续自我开展研究提供案例与队伍资源。

如果把三年生态区建设比作一场足球赛，可以把第一学期看作热身运动,第二、第三学期是上半场,第四、第五学期是下半场,第六学期是终场收尾。热身运动是启动阶段,上半场的关键目标在于打造梯队骨干,为下半场做到全员参与奠定基础,终场收尾时要有精品呈现。

二是整体思维。

"新基础教育"有不同的研究层面,无论在哪个层面都包含该层面整体上的协同互动。其中,学校是一个十分关键的基本研究单位,这体现在"新基础教育"研究的基本追求是促进学校的整体转型变革和创建新型学校。如前所述,新型学校的特征是价值提升、重心下移、结构开放、过程互动、动力内化和整体融通,这些特征在由学校领导与管理、教学和学生工作组成的两个层次三个领域中都应得到具体综合的体现。

整体思维首先体现在学校发展的整体策划上。这不仅是学校负责人应具备的思维方式,也是合作研究系统中支持者应具备的思维方式。在规划论证过程中,整体思维应贯串于为什么做发展规划、什么是发展规划和如何做好发展规划等一系列问题。例如,在为什么做发展规划这一问题上,体现出"新基础教育"研究的三大铁律之一,即学校领导与管理先行。校长是学校的第一大脑,选择了"新基础教育"就是选择了不断挑战、越而胜己。校长做好准备了吗?是否有理由和资格带领教师的发展?又如在什么是发展规划上,整体思维体现在:对教师的基础状态了解如何,对问题了解如何,针对问题的目标是否清晰,实现目标的措施是否清晰,等等。再如在如何做好发展规划上,不应把规划看作某个人的操作,而需要几上几下,形成共同愿景、达成共识,这是一个学习"新基础教育"理论并形成新参照系的过程。

整体思维还体现在学期活动的整体设计上。"'新基础'的一个特点是,在做的过程中定期进行规划、总结、反思、重新规划。每个人每年、每学期都有阶段性反思,知道自己'长'了多少,问题在哪里,还能怎么'长'。只有不断地反省、明白、更好地'长',才能让自己的脊梁骨直起来,才能站起来，才能成为独立的研究主体。"①其中，作为合作研究系统中的指导者，不仅要通过校长层面的学期计划和总结交流关注校长的发展变化，而且要通过中层和骨干教师座谈会掌握各领域责任人的发展变化，看到学校系统整体中"新基础教育"基本理念和实践策略是如何流动传导和互动生成的。

三是策略思维。

在"新基础教育"研究中长期形成的推进学校变革的三大策略——"整体策划与分段实施相结合""日常持续开展与关键节点集中交流相结合""重点突破和梯度放大相结合"和以"推进性评价"为核心的多元综合的评价体系，被看作"新基础教育"的一条改革之路。②

在区域生态区建设过程中，为促进"新基础教育"研究试验学校在学校管理、课堂教学与学生工作三大领域的深度变革，促进教师系统变革日常教育教学行为，并培养一批具有"新基础教育"新基本功的研究型教师队伍和本土指导力量，"新基础教育"研究的基本指导策略是集中式全面指导与分散式学科指导相结合。

集中式全面指导主要发生在前述一系列节点事件中。如针对不同学科和领域进行专题集中培训，包括语文、数学、英语等学科教学改革专题培训和学生工作改革专题培训。作为研修班和节点式培训活动，专题培训对"新基础教育"各学科各领域研究成果进行集中梳理，包括"新基础教育"系列指导纲要，已有优秀研究案例和全国共生体现场研讨资源等，整体转化"新基础教育"研究的核心理念与基本策略，并结合前期现场调研和文本阅读过程中存在的典型问题进行有针对性的指导。

再如召开集中规划论证会，并针对不同学科和领域交流本学年具体研究计划。规划论证会对学校发展三年规划进行论证研究，引导学校校长有策略地组织开展（包括整体策划、放大过程、合力推进和重建提升等）过程性重

---

① 叶澜."新基础教育"内生力的深度解读[J].人民教育，2016(Z1)：34.
② 叶澜.略论"新基础教育"研究之路的若干特征[J].基础教育，2011(2)：10-11.

大活动,提升校长及其领导团队的学习力、策划力与变革领导力。在此基础上,针对不同学科和领域进行具体研究计划交流和指导。各校各学科和领域具体指导时间、主题、实验教师和本地指导教师在进行具体研究计划交流时确定。

分学科和领域开展"新基础教育"系列研修活动,每次活动两天,其中每所学校每次现场研究半天,包括听课评课、初建重建和专题研讨等一系列活动,并根据情况需要进行半天总结性研讨。

总之,过程时段意义上的全程思维、研究单位意义上的整体思维和实践推进意义上的策略思维是合作研究参与者需要持续修炼的思维方式[①]。

2."自我更新"——修炼的路径

如何依"教育所是"而行,达"自然而然"之境?叶澜认为,其关键在于"通过学习、反思、实践、创造,基于日常,不断实现自我更新"。参见前面一章和本章中关于研究性变革实践的描述,后面一章也会对此进一步加以集中描述。

3."标杆意识"——修炼的方向

叶澜指出:"合作校都要自问:成为合作校以后,在'新基础教育'研究和'生命·实践'教育学发展上,是否做出标杆成就?是否在向更高的目标迈进?每个人都要自问:在研究实践中成长了没有?"

"新基础教育"实验学校在标杆意识上有个六字诀,即"全·实·深"

---

① 之所以特别提出思维方式上的修炼,是因为"新基础教育"合作研究属于整体性、转型性改革,在这一改革过程中,两类主体,包括理论研究者与教育实践者,都应形成新的思维方式。

和"精·特·美"。① 全：基础性学科教师全员参加，其他学科全部进入，起始年级全力推进，学校各项改革全面协调；实：骨干教师研究日常化，学校组织、制度改革实践化，学校工作转型正常化，学生发展整体质量提升显著化；深：语文教学、数学教学、外语教学、学生工作、教师发展、学校领导与管理六项专题研究深入开展，学校文化建设深入推进，各项工作出现品牌，学校发展体现创生；精：办学质量的提高、各项专题研究中出精品、学校工作具有社会影响力；特：办学形成特色、文化呈现个性，教师有特长、骨干教师的教育和教学形成风格，学生形成主动策划和实现发展的意识与能力；美：既表现为外显，也蕴含在学校的活动和师生的精神世界中，学校整体生活呈现优美的节律和韵味，创造和谐独特的教育美。其中，"新基础教育"试验学校"成型性"研究的底线要求是"全·实·深"，更高一级的要求是"精·特·美"。

江苏省常州市局前街小学精品专题研究生成案例②

学校日常管理方式与教学研究组织的结构变化，催生了基层研究活动内容的创新突破，从研究制度的刚性落实到立足于研究内容本身的弹性化拓展与创新，带动了教师群体（个体）对研究活动内涵的不断丰富。"新基础教育"研究带给我们对"研究"的再认识，研究"什么内容"、如何"策划研究内容专题"、如何"结构化"研究内容使之综合运用于研究的落地生根。一系列的思考带来的是对"研究"中"人"与"事"的全新认识与创新。专题性的研究带动着教师们逐渐从单一的

---

① 叶澜."新基础教育"成型性研究（2004—2009）结题报告［A］//叶澜，李政涛，等."新基础教育"研究史.北京：教育科学出版社，2010：105-110.
② 李伟平，等.整体化成：始于理念成于生存方式——常州市局前街小学"新基础教育"研究变革史［M］.福州：福建教育出版社，2014：147-168.

"课例分析"走向更为广阔的对"学科内涵"的深度理解。

(一)原来"研究"不仅是上一节课

课堂教学研究一向是学校紧抓不放的核心内容。立足于原有思维方式的课堂教学研究,较多思考的是一堂课中教学内容的确立、教学方式的选择、课堂组织活动的设计、练习设计的优选……磨好一节课、上好一节课成为众多局前街小学青年教师的追求。

对研究内容思考的割裂使我们过多关注知识的理解应用、过程的完整与精致,而对过程中的思维发展、能力培养缺少了有效的针对性辅导与提示。将研究放在一节课中,想通过一节课解决所有问题,现在想来,这种"只见树木,不见森林"的现象也正说明了为什么教师能上"一节好课",却不会上"一类好课",学生会用好"一个知识",却用不好"一串知识"。研究的核心除了实践,更在于前期基于目标的内容设计。好的专题研究内容的设计,影响着教学实践研究的品质,而这些正是我们所欠缺的。

(二)系统化研究内容策划的苦恼

周志华是当时数学学科组第一责任人,回想初次设计时的苦恼,当时的情景历历在目。数学组的教师在吴亚萍教授的两次指导下,感受到了教学中的问题。教师们纷纷开始尝试着从自身的教学实践中去探索,有的是进行模仿与移植,有的则是去结合原理、方法进行试验。一段时间下来,她感觉到了问题。一方面,是教师们的研究大多是"原有经验"的再次应用,对于"开放""重心下移"等的理解还处于一种被动的"还"的层面;另一方面,教师们要上研究课了,就想方设法去寻找容易上的课,因为这些课可以操作、可以交流、可以使课堂看似"活"起来。可这些并不是解决问题的关键。

从这几次的研究活动中,大家看到的是自身对数学和对课堂理解的狭隘之处。大家开始尝试着开展结构化的研究活动,通过有目的的研究内容设计，进行序列研究，解决一个专题，获得一点收获。但如何找专题、如何设计、如何实施却也是当时的难题，需要从多个侧面进行思考，深入分析导致问题出现的原因，系统制订行动方案，并且采取恰当的手段使研究工作得以高效率地开展。也就是说，结构化教学研究是对第一责任人的学习能力、思考能力、策划能力、领导能力和执行能力的严峻挑战。事实上，周志华老师在策划研究内容中遇到的难题是一个普遍现象，语、数、英等学科组在最初的内容策划上，同样显得无助。

（三）对研究内容策划的结构化思考与实践

一是明确目标。数学组坚持"自我先行、组建团队、内容载体、打磨内功"，在多次的上海之行、与专家的交流后，我们最终以"数概念"专题为切入口展开专题性的结构研究，也是在这一小专题上，我们收获了对课堂的新认识，树立了课堂组织方式、教师基本功的基本认识。事实证明，当初数学组选择这一专题作为发展载体，突破认识瓶颈的做法是正确的，它有效地帮助教师们从内容的结构体系中挖掘到了知识背后的育人价值。

二是课型推进。明确研究内容的内涵价值，把握研究过程的结构序列，使得局前街小学人对课堂功能的价值转换有了新的知识。对研究的过程、内容、方法载体的逐步深化与认同，实现了基于内容素材的由点及面、由面成体的结构化研究。与此同时，课型研究作为结构化、序列化研究的有效载体，成为各学科研究的基本范式。

三是分项突破。当语、数、英学科以结构整体的方式推进研究序列，不断完善、丰富研究内容的同时，综合组在过程研究丰富素材的基础上以"小学综合学科育人价值观与教学过程观的形成与转换的研究"为专题，实施整体性内容的架构，在此基础上又分学科实施分项研究。在以课型为载体的学科研究中，体育教研组确定了"短跑教材育人价值的挖掘研究"，音乐组确定了"小学音乐欣赏教学的研究"，科学组确定了"e学习环境下的实验探究研究",美术组确定了"小学美术综合探索育人价值观与教学过程观的形成与转换研究"等课题。

(四)基于核心变革的研究内容深入探索

一是整体设计,让专题研究内容设计丰实。学生活动成为相对于课堂、班级的第三个成长发展的领域。以主题节为起点,我们进一步思考其他节点活动的教育价值,挖掘核心教育功能,放大活动节点的教育价值,提升活动"内涵"。

二是层次深入,让专题研究内容设计厚实。在"新基础教育"研究中心教师的指导下,对各领域形成的研究专题进行了回溯思考。"如何将这些专题的研究纳入一个连续节点中,使之成为一个相互关联、不断推进的研究过程,成为学校在实施专题研究过程中重点思考的问题之一"。

三是同课异构,让专题研究内容设计真实。专题研究的魅力在于研究中"人"的思维转换的乐趣。一个人接触到不同思维方式时,基于两者的认知碰撞,就能产生新的思维火花。"同课异构"成为2013年"新基础教育"研究推进的新的出发点,以此开启教师多元思维之门。

四是结构推进,让专题研究内容设计翔实。我们一直在思索,如何让我们的研究突破简单的"术"的层面,如何让师生在研究"成事"中感受到"成人"的乐趣,体验内容、方式、路径的有机联系,真正从整体性、结构化的领域思考,走向基于学科素养的"道"的发展。

作为"生命·实践"教育学研究合作校,江苏省常州市局前街小学有关精品专题研究的生成案例表明,自然而然之境并非一个万事俱备的静态世界,而是一个生机勃勃的动态世界。如果说达至自然而然之境的持续修炼还是一个有意为之的过程,那么自然而然之境内含着的是已成为信念与习惯的持续修炼。

（二）精神长相

2007年4月22日，"新基础教育"研究共同体举行了以"教育美"为主题的校长沙龙，深化了对"精·特·美"目标的认识，并从打造精品的角度认识学校的基础与潜力。2010年10月14日，在华东师范大学第二附属中学全体教师大会上，叶澜对"卓越"二字提出了新界定，即"将'卓越'定位为学校追求的文化及文化底蕴，可用八个字来诠释，那就是'卓然独立、越而胜己'"[①]。其中，卓然独立强调自我本位、自我发愤图强，具有"志向不狭隘""人格不依附""思维不趋同"和"言行不虚浮"等特质；越而胜己强调的是对自我的超越，具有"自我日清晰""反思成习惯""人生会选择"和"发展能自觉"等内涵。

"新基础教育"试验学校从形神兼备的"小我"之境到深根共生的"大我"之境，再到自然而然的"无我"之境，走出了一条"卓然独立、越而胜己"的学校境界提升之路。这一提升之路是理论与实践、学术生命与自我成长的双重转型、交互创生之路，也是"生命·实践"教育学派和"新基础教育"试验学校的精神长相生成史。2019年12月17—18日，"新基础教育"研究扎根闵行与常州20周年纪念活动分别在上海闵行和江苏常州举行。叶澜先后以《相遇不负、生命留痕》和《双重转型、交互创生的研究；学术生命、自我成长的实现》为题在两地做了发言。可把前者看作后者的浓缩版，而后者反过来又是前者的展开版。"新基础教育"和"'生命·实践'教育学"是有缘人结成的成人成事之网，叶澜作为这一网络的提纲挈领之人，尽心尽性尽意尽力，念兹在兹无日或忘，诠释了"生命交互"的真义。"生命交互"的八字诀在于"真诚、真实、真做、真求"。正如叶澜所言："因为这四个'真'，我们才能真正产生精神上、思想上、行为上和情感上的沟通交流；因为这四个'真'，我们才形成有内聚力的大群体。"与此相关，叶

---

① 叶澜.卓然独立 越而胜己——解何谓"卓越教育"[A]//叶澜.变革中生成：叶澜教育报告集.北京：中国人民大学出版社，2019：485.

澜谈到"在'新基础教育'研究中,我学术生命发展的大收获是,产生了一套综合研究的策略系统:'团队合作—深度介入;核心养成—增强内力;及时反馈—定期交流;交互融通—整体发展;节点推进—阶段发展;基于日常—叠态更新'"。

叶澜说:"我认为我们的'精神长相'至少有几条。(1)我们有学科'基因'。(2)我们价值坚定,风吹雨打动摇不了我们的价值信念。(3)我们有发展的活力,活力来自生命的发展、实践的创造、传统的潜力、时代的变革,是充满发展希望的活力。(4)理性诗意。这两天的报告让我时时感受到诗意!但不是诗人幻想的诗意,而是理性与感性结合的'理性诗意'。教育是生命的事业,凡有生命的地方就有诗意和远方。"学派的精神长相,同叶澜前期提出的"新基础教育"研究的精神与追求64字、"生命·实践"教育学追求的教育最高之境——"自然而然",再加上四"真"(真诚、真实、真做、真求),构成了学派的精神长相系统。这一精神长相系统也是"新基础教育"试验学校的精神长相系统。

第七章 曲尽其妙：概念言说之美

> 我们想通过"生命·实践"教育学的创生，在世界舞台上发出中国教育学者的声音。这声音将揭示平凡教育事业蕴含的丰富与伟大；蕴含的与人类最基础的存在——生命与实践不可分割的内在联系；蕴含的对创造、智慧和发展的呼唤；蕴含的对健康人性、幸福人生、美好社会的价值追求……①

——叶澜

"言"是指事字，与"舌"关系密切；"说"是会意兼形声字。"言"和"说"在现代汉语中都有说话的意思，但在古代汉语中则有着鲜明的区分："言"是指自我陈述；"说"是指向他人陈述、解说，同"语"和"谈"意思接近。叶澜在教育研究过程中十分重视"言"和"说"。她要求我们学生要学会读两类书，一类是书面文字的书，另一类是实践，即无字之书。她说："面对真实的、复杂的实践，从后一类'书'里要学会读出道理、读出精神、读出滋养你灵魂的东西。"② 教育研究者通过跟经验创始者——学区领导、校长和

---

① 叶澜.个人思想笔记式的15年研究回望［A］//叶澜，李政涛，等."新基础教育"研究史.北京：教育科学出版社，2010：196.
② 叶澜.反思 学习 重建——十五年学术探索的回顾［J］.天津市教科院学报，2000（4）：10.

教师的深入交往能够体验实践中的智慧。理论和实践的结合在不同层面上有不同的形态，"在实践中总结出来的、支配它行动的这种理论，是不同于书本上从概念、原理出发的理论"[①]。在实践中有很多能人、聪明人，他们的创业精神和智慧可以滋养理论工作者。

与此相关的现场学习力之所以是教师最重要的学习能力[②]，首先同研究性变革实践这一"新基础教育"的研究方式有关。在研究性变革实践过程中，"教师对自己实践的反思，听取他人对自己实践的评析，观察他们的教育实践和参与点评，在交流会上发表自己的意见和听取、思考他人的意见，都看作是学习的各种途径和方法"[③]。在"言"与"说"这一现场学习过程中，既发生着我向学习，也发生着他向学习[④]，并且体现了"新基础教育"研究精神中的"团队合作，共同创造"和"实践反思，自我更新"。从历时性的角度看，"新基础教育"研究过程中的"言"与"说"也是"新基础教育"研究历程结出的言语之花，二者之间是外在集中显现与内在积蓄力量的关系，体现着"新基础教育"研究精神中的"知难而上，执着追求"和"滴水穿石，持之以恒"[⑤]。

无论是自我陈述，还是同他人谈说，都离不开概念工具。对于研究者而言，"学会用教师能听明白的、易受触动和印象深刻的语言方式来表达和对

---

① 叶澜.反思 学习 重建——十五年学术探索的回顾[J].天津市教科院学报，2000(4)：10.
② 李政涛.现场学习力：教师最重要的学习能力[J].人民教育，2012(21)：46.
③ 叶澜."新基础教育"发展性研究（1999—2004）结题报告[A].叶澜，李政涛，等."新基础教育"研究史.北京：教育科学出版社，2010：81.
④ 叶澜.思维在断裂处穿行——教育理论与教育实践关系的再寻找[J].中国教育学刊，2001(4)：3.
⑤ 叶澜.执着坚持之强 创造发展之功："新基础教育"扎根研究总结[A]//叶澜.变革中生成：叶澜教育报告集.北京：中国人民大学出版社，2019：224-225.

话"①是研究能力的重要构成。智慧一般包括两个相互联系但有所不同的要素：一是有效地适应环境；二是优雅地诠释经验，涉及把经验的模糊性和复杂性转化成一种详尽到足以让人感兴趣、简单到足以让人理解、可信到足以让人接受的形式②。作为诗性智慧重要构成的诗性语言是优雅地诠释经验的重要方式。前面的章节已经对叶澜教育研究中的诗性语言进行了探究，这里集中阐述其诗性语言的三个特色。

一、情理交融

叶澜认为，教育研究是一种事理研究③。由于事是人为之事，而人又是以完整的具体个人参与其中，这就使得事理研究中人与事的关系具有多重性。"现实中的问题是历史中的人造成；历史又造成了现实中的人。然而，现实的改变又只能由在现实中努力改变现实的人来完成，这些人在改变现实中实现着自身的改变。'新基础教育'正是在这个意义上，认识了日常平凡的教育活动所内含的'人'与'事'的关系，确定了在实现三个转型（教育理论·实践·研究）中，既'成事'又'成人'，在'成事'中'成人'，为'成人'而'成事'，用'成人'促'成事'的方式处理'人'与'事'的关系。"④

"新基础教育"研究与"生命·实践"教育学派建设是由"成人"与"成事"不断交织而成的交响乐。在"新基础教育"研究与"生命·实践"

---

① 叶澜.个人思想笔记式的15年研究回望[A]//叶澜,李政涛,等."新基础教育"研究史.北京：教育科学出版社,2010：187.
② 马奇.经验的疆界[M].丁丹,译.北京：东方出版社,2011：5-6,33.
③ 叶澜.从"冬虫"到"夏草"——"生命·实践"教育学派生成过程的个人式回望[A]//叶澜.方圆内论道：叶澜教育论文选.北京：中国人民大学出版社,2019：23.
④ 叶澜.个人思想笔记式的15年研究回望[A]//叶澜,李政涛,等."新基础教育"研究史.北京：教育科学出版社,2010：176.

教育学派建设过程中，正是由于诸多完整的具体个人的投入和参与，使得人情与事理、情感与理性、价值与事实相互缠绕，并使得叶澜在"言"与"说"上具有了情理交融的特色。

（一）研究情结

一方面是在自我陈述中的情理交融。叶澜的自我陈述集中体现在她的学术自述中。在她的学术自述中，不仅有事理探究和理性思考，还有人情回顾和情感流露。在《个人思想笔记式的15年研究回望》一文中，叶澜讲述了诸多有关"新基础教育"研究的故事，包括小学三年级学生首次独立开展主题队会、第一次向试验学校全校教师做报告、"新基础教育"第一个具体行动方案诞生、上海市教委张民选副主任一次难忘的演讲、结识上海市闵行区教育局陈儒俊局长等难能可贵的合作者。这一系列故事包含着叶澜的事理探究与理性思考，也包含着她的人情回顾和情感流露，成就了一段学术生活史和自我生命史交互创生的丰富历程。

在该文中，叶澜用充满诗性的语言写道："'生命·实践'教育学是基于实践，又高于实践，是在社会转型时期中国教育改革实践土壤中生长出的新芽。它将成为21世纪中国教育学创建中的一个流派，以自己的扎实、智慧、真诚去酿造教育学的新酒；它将是鲜活的、生长的，但不是肤浅的、盲目的；它是当代的、创造的，但不是割断历史的、自命不凡的。……我们想通过'生命·实践'教育学的创生，在世界舞台上发出中国教育学者的声音。这声音将揭示平凡教育事业蕴含的丰富与伟大；蕴含的与人类最基础的存在——生命与实践不可分割的内在联系；蕴含的对创造、智慧和发展的呼唤；蕴含的对健康人性、幸福人生、美好社会的价值追求……"[①]这些诗性语言通过勾勒"生命·实践"教育学的特质和前景，鲜活地表达着叶澜对

---

① 叶澜.个人思想笔记式的15年研究回望［A］//叶澜，李政涛，等."新基础教育"研究史.北京：教育科学出版社，2010：196.

"生命·实践"教育学研究的情结和厚望。

在《从"冬虫"到"夏草"——"生命·实践"教育学派生成过程的个人式回望》一文中,叶澜讲述了诸多有关"生命·实践"教育学生成过程的故事,包括援藏经历、访学经历、课程教学经历、介入式研究经历等。在该文结语中,叶澜写道:"在我的教育学研究生涯中,最能打动我的两个字是'生命',最让我感到力量的词是'实践'。教育学说到底是研究造就人生命自觉的教育实践的学问,是一个充满希望、为了希望、创生希望的学问。我愿为研究如何让人间每一朵生命之花绽放出自己独特灿烂的学问而努力终生,并与所有的同行者共享生命成长的尊严与欢乐,共享教育学研究特有的丰富与魅力。"[①]这些动情的诗性语言述说着叶澜的教育学研究情结。

(二)心灵沟通

另一方面是在同他人谈说中的情理交融。《变革中生成:叶澜教育报告集》便是这样一部主要由叶澜在同他人谈说中形成的文字合集。她在该书自序中写道:"这是我在自己花了大半生时间、至今还魂牵梦绕的两项研究中,或阶段性生成,或如宴会中'热炒'那样的报告,一旦生成自己认为清晰、重要的观点,即同一起研究的同事、试验学校的校长和老师及时交流。他们常常是我新鲜思想(其中也内含着他们实践经验)的第一听众。在他们那里,我能看到明亮的眼睛、会心的一笑,还有报告后即讨论、研究下一步发展性的研究策划。我享受的是心灵的沟通、同甘共苦的坚定和智慧点亮的兴奋。"

叶澜十分重视并享受现场言说中的学习和生成。她常说:"在言说中思考。"在言说中,她常常思如泉涌,有许多神来之笔。例如,2012年5月5日,华东师范大学举行的"新基础教育"扎根研究总结交流会上,她谈道:

[①] 叶澜.从"冬虫"到"夏草"——"生命·实践"教育学派生成过程的个人式回望[A]//叶澜.方圆内论道:叶澜教育论文选.北京:中国人民大学出版社,2019:31.

"3年前，我们召开过一个'赢在中层'的专题研讨会。会上我讲了橡树和榕树的生根方式。当时我期望基地学校要像某报上提到的那棵长得最慢、但生命力最强的橡树一样，即使在岩石上，也将根深深地扎住。同时我还提到，不要像榕树一样，到处只长须根。我当时的期望只在'扎深'。如今看来，那还是一种对立的思维。大家3年来的创造已经突破了我最初的对立式预设。'新基础'3年后的发展状态是：如橡树根深叶茂，似榕树独木成林。目前，在我们的试验学校中，橡树和榕树的两种精神已合二为一。"① 正如在第六章中所讨论的那样，叶澜在言说中所创生的橡树精神与榕树精神形象生动地描述了"新基础教育"试验校的大我之境。

"新基础教育"研究是以人为中介的理论和实践之间双向转化的过程。正是作为认识与实践主体的人"在从事着教育理论研究与教育实践活动，是他们的活动方式和关系状态，决定着教育理论与实践的发展水平与关系状态"②。叶澜主张，理论工作者与实践工作者"要围绕核心问题积极互动。实践工作者不要把自己定位为听者，理论工作者也不要把自己定位为说者，双方都要学会倾听，学会言说，学会辩论，学会沟通"③。在"生命·实践"教育学信条中，她强调"教师是从事点化人之生命的教育活动的责任人"，其中点化中的"点"是点拨、开启，不是直接告知，而是在其困惑时点拨、提醒，这需要智慧；"化"是转化。点化映照的是完整的人之间的深度关怀关系，是情理交融的深度对话与交流。

叶澜在言说中的精妙之处就在于点化。2005年3月12日上午，在上海市闵行区七宝明强小学，叶澜对由郭芳执教的四年级语文《看不见的爱》进

---

① 叶澜.执着坚持之强 创造发展之功："新基础教育"扎根研究总结[A]//叶澜.变革中生成：叶澜教育报告集.北京：中国人民大学出版社，2019：225.

② 叶澜.思维在断裂处穿行——教育理论与教育实践关系的再寻找[J].中国教育学刊，2001(4)：3.

③ 叶澜.大中小学合作研究中绕不过的真问题——理论与实践多重关系的体验与再认识[A]//叶澜.方圆内论道：叶澜教育论文选.北京：中国人民大学出版社，2019：299.

行了细评。她在评课过程中结合教学案例对教学有机化这一思想进行了阐述，并对《看不见的爱》有这样一个解释："看不见声形，只要是大爱真爱，它就一定是这样一种渗透性的，就是说整个爱都包围着你。"在谈到编织意识时，她说："在上一堂课时，老师就像在编织一个漂亮的花篮一样。给你的就是藤条，甚至是混乱的，然后你就在这个过程中跟大家一起编呀编呀，这堂课上下来，你感受到是一个漂亮的花篮。这个编织就是大家刚才讲的，要把不同孩子的发言，他们强调的东西，组合到一个有机的对话中去，或者引出对话。"叶澜的评课常常就是点化教师的过程，并借此提升教师点化学生的能力，这一过程渗透着她对教师和学生完整生命的智慧引领与深情关注。

二、远譬近喻

叶澜在言说中常用比喻。通过比喻可以调动象征符号的内在张力和潜力。人类学家特纳（V. Turner）对象征符号的研究十分具有启发性。他认为，象征符号的一个重要特点是意义的两极性，即每一个象征符号都具有两个清晰可辨的意义极，分别是"理念极"和"感觉极"。"感觉极聚集了那些被期望激起人的欲望和情感的所指；理念极则能使人发现规范和价值，它们引导和控制人作为社会团体和社会范畴成员的行为。"[①]理念极指向"应该做的"，感觉极指向"想要做的"。象征符号把理念极与感觉极紧密相连，"一方面，规范和价值观渗透着情感，而另一方面，粗野的、原始的情感因为与社会价值的联系而变得高贵起来"，从而能够把"要我做"与"我要做"贯通起来。

---

① 特纳.象征之林：恩登布人仪式散论［M］.赵玉燕，欧阳敏，徐洪峰，译.北京：商务印书馆，2012：37.

(一) 冬虫夏草

"冬虫夏草"可谓是叶澜教育研究中的主导性象征符号。"生命·实践"教育学派的标识就是作为"生命·实践"喻体的冬虫夏草。她这样揭示这一标识的来源:

> 从阅读中得知:冬虫夏草是虫草结合在一起的复合体,这与"生命·实践"作为学派核心概念也是复合体的形态暗合。"冬虫"向"夏草"演化的过程漫长,蝙蝠蛾的幼虫在高山的泥土中过冬,它因一种被称为虫草的"真菌丝体"的侵入而开始不断被丝体化,直到夏天,幼虫死亡,真菌丝体从幼虫的嘴里吐出棒状物,如野草露出地面,才算完成由"冬虫"向"夏草"的转化。它的奇特转化功能被清代蒲松龄的诗点明:"冬虫夏草名符实,变化生成一气通。一物竟能兼动植,世界物理信无穷。"这一以"转化"独特性获名的生物,与"生命·实践"教育学强调研究教育中多重转化生成机制的精神气相通。另外,冬虫夏草生长于海拔3 000米到4 000米的高山草甸土层中,再加上全貌式的活虫草形态,简洁又不失美感,笔直向上的草之棒体犹如红烛,于是我们选定了"冬虫夏草"做标志,还很为偶然找到了与我们学派追求的内在气质如此吻合的生物而欣喜。在此,借对"冬虫夏草"标志的简单解释表达我们的心志。[①]

作为一个象征符号,冬虫夏草的感觉极是由虫草结合而成的复合体,经历了从冬季到夏季的生长转化过程,具有简洁优美的形态;其理念极包含了复合、转化等。这些感觉极与理念极之间的链接和交融,构成了冬虫夏草这一象征符号独特且丰富的内涵。

---

① 叶澜.读康德《论教育学》[A]//叶澜.俯仰间会悟:叶澜随笔读思录.北京:中国人民大学出版社,2019:164.

特纳还指出："象征符号最简明的特点是浓缩。第一，一个简单的形式表示许多事物和行动。第二，一个支配性象征符号是迥然不同的各个所指的统一体。这些迥然不同的各个所指因其共具的类似品质或事实上或理念中的联系而相互连接。这些相互关联的品质或联系本身可能是微弱的、任意的，或者广泛分布于许多现象之中。它们的普遍性使它们能容纳最多样的观点和现象。"[1]作为叶澜教育研究中的主导性象征符号和"生命·实践"教育学派的标识，冬虫夏草独特且丰富的内涵无处不在。这里以叶澜《回归突破："生命·实践"教育学论纲》（以下简称《论纲》）为主要文本进行说明。

《论纲》首先引起学界共鸣的是中国原创性。2015年3月28—29日，"生命·实践"教育学论著系列丛书发布会暨研讨会召开。叶澜说，这是"生命·实践"教育学"在业界同行面前，为生存而发出的第一声响亮啼哭"。吴康宁认为，"生命·实践"教育学在当代教育学的发展中"书写了十分浓墨重彩的一页，如果用原创标准衡量的话，是把中国教育学的思想和理论提到了一个新的高度，这是中国教育学发展史上的重大事件"。其中，《论纲》体大思精，静水深流，包含着叶澜生命史与学术史的相互滋养和生成，为"生命·实践"教育学派命脉所系。周谷平把《论纲》看作"全套丛书的核心和灵魂"。在朝向"生命·实践"教育学派的致知进学之路上，《论纲》实为堂奥，需要反复涵泳体悟。《论纲》第一部分为叶澜学术生命史的提要钩玄。这一学术生命史不限于"生命·实践"教育学的本体发展史，而是有着华东师范大学教育学研究学统上的接续。叶澜曾把"生命·实践"教育学同这一学统的关系比作"老树与新枝"，并对这一学统进行过系统的阐述。

复合与转化是中国原创性的具体体现。《论纲》在第一部分已经建构了叶澜及其团队的文本之网与视角之网。前者是一种外显的丰富性，后者则是

---

[1] 特纳.象征之林：恩登布人仪式散论[M].赵玉燕，欧阳敏，徐洪峰，译.北京：商务印书馆，2012：34-35.

一种内在的丰富性。这两种丰富性在《论纲》进入上下编之后，又从冰山之巅转入冰山隐入海面之下的部分，挑战着读者的阅读量和理解力。

《论纲》在上下编有关学科观、教育观和中国文化传统的阐述中，虽然采用了"强干弱枝"的策略，所涉文本之网仍然蔚为大观。《论纲》所涉文本之网由三个同心圆构成。处于焦点和核心的是叶澜及其团队所建构的"生命·实践"教育学文本；第二层次是由"生命·实践"教育学之外的中国和西方教育学者建构的教育学文本，在学统上包含中国教育学和西方教育学两翼；第三层次是由中国和西方文化经典及其解释性文本构成的文本，包含中国文化典籍和西方文化典籍两翼。

这些文本之所以构成网络，是因为不同文本间有着多重的对话关系。阅读这些文本及相关的解释性文本，对笔者的最大启示在于，提出一种理论或观点即意味着树立一个靶子或对话者，后来者总会在打靶或对话中实现超越或突破，而先行者作为路标会不断被重新识读。

叶澜在《论纲》中既涉及不同文本间的多重对话关系，又涉及同这些文本的多重对话。无论是对前者还是对后者，都可以看作一种元研究。而元研究之最宝贵处，就在于发展出解读的视角或眼光。吴康宁称之为"学科之眼"。《论纲》所涉视角往往是"对成同根、相互转化"的，如本体论与方法论、内在与外在、价值与功能、整体与局部、结构与过程、手段与目的等不同的视角，并构成了视角之网。

《论纲》中最典型的分析视角当属"基因"。叶澜说："从'基因'的角度去解读会进一步发现，在一套体系的背后，还有更具有统整性的观念存在，并使我们可以理解每个人回答问题的基本出发点，即我们所说的'基因'。"[①] 这里的基因有时也被她称为"思考的原点"。她说："凡可称为教育学的经典著作，都有自己思考的原点，并由此引出基本的命题。这一原点在

---

① 叶澜. 回归突破："生命·实践"教育学论纲[M]. 上海：华东师范大学出版社，2015：210.

理论系统中的呈现可以显性，也可以隐含，但不可能没有。找出这些原点是读懂和读通经典的重要条件。"①

基因或思考的原点是以上文本之网与视角之网的节点，也是复合与转化的基质。识别不同学说在基因层面上的区别，有助于我们加深对该学说独特性与学术贡献的理解。②正是在这个意义上，叶澜说："前者（夸美纽斯）的自然在教育学理论建构中具有方法论意义，后者（卢梭）则具有本体论意义。"③本体论与方法论也构成了基因层面上的两大"对成同根、相互转化"的视角之网。

伫立文本之网，可以直观体会到叶澜所说的"就知识性质而言，从作为学科理论基础的确立始，教育学就是一门伫立在八方知识汇集点上的学科。没有任何一门学科能直接成为或穷尽教育学所需要的理论基础"④；吸纳视角之网，可以直觉体悟到她所说的"教育学理论基础本身，是在教育学者对教育活动的基本构成做出辨析和基本判断后，对相关领域的知识进行主题式重新整合的结果。这是一个类似蜜蜂'酿蜜'的复杂过程"⑤。

教育学之所以成为"一门伫立在八方知识汇集点上的学科"，不仅是知识建构本身的内在理路，而且因为教育本身即是一个连接点。她说："在社会·教育·人的历史长河中，教育居中，连着'社会与人'的两头，既是'两头'不同需求之间的聚合点，还是相互渗透的中转站，如此复杂的内外关系，同样不能用割裂、分析的方法道明白。"⑥由此可见，作为冬虫夏草这一象征理念极的复合与转化，不仅是教育学的知识建构理路，而且是教育本身的特质，从而使得这一象征符号在叶澜教育研究中无所不在。这一象征符

---

① 叶澜.回归突破："生命·实践"教育学论纲[M].上海：华东师范大学出版社，2015：29.
② 同①：210-211.
③ 同①：192.
④⑤ 同①：133.
⑥ 同①：160.

号映照着叶澜独特的审美心智、思维与语言,因此也可以被看作其诗性智慧的标志性符号。

(二)道不远人

远譬近喻不只是作为诗性语言存在于叶澜的教育研究文本中,而且映照着叶澜的诗性思维与诗性心智,成为其教育研究文本的组织性乃至主导性力量。这也是使得她的学术论著在标题上就能引发读者的想象,在论述中有着丰富的诗性语言。以叶澜撰写的中国教育学科2001—2005年度发展报告的"总述"为例,标题与首段文字如下[①]:

2001年度:构筑中国教育学科发展的世纪新平台

《中国教育学科年度发展报告·2001》按原计划出版,这是我们为形成教育学科发展的"自我意识",促使教育学科的发展从"自在"走向"自为"持久努力的继续。

2002年度:在路上——研究教育转型与教育学科研究转型

暑期临近,又快到交稿的时间了。丢下手头所有其他事,集中精力仔细研读汇集到我案头的本书初稿。阅毕掩卷沉思,在深受同事们为做好这套我们和出版社都十分看重的书系所持的负责态度、所做出的持续努力感动的同时,脑海中浮现出一幅令人兴奋的2002年教育学科发展的总图景:中国教育学界的大量研究,正由各自的起点,从不同的角度,以各异的姿态,持不等的速度,向着同一个方向汇聚,我们已经走

---

① 叶澜.构筑中国教育学科发展的世纪新平台;在路上——研究教育转型与教育学科研究转型;艰难的行进——学科发展意识的觉醒与迷乱;教育学科研究态势的变化与消长;在裂变与重聚中创生[A]//叶澜.方圆内论道:叶澜教育论文选.北京:中国人民大学出版社,2019:189-219.

上了研究教育转型与教育研究转型的路。这条路不是现成的，而是一条要我们一起去拓展的路；这条路现在还不长不宽，但却是一条通向新世纪教育学科更新重建的明日之路，是一条充满艰辛和希望的路。

2003年度：艰难的行进——学科发展意识的觉醒与迷乱

人在什么时候才会遇到或感受到行进的艰难？最近，我算有了一次真实的经历。

2004年度：教育学科研究势态的变化与消长

读完2004各分学科的年度报告，我有一种观海听潮的感觉。海浪从远处奔腾而来，蓄足了力量又拍岸而去。潮起潮落，日复一日，改变的是力量，不变的是节奏。正是这大海的韵律，这奔腾过程中渐成的节奏，使每个到海边的人，能走出日常生活中积累的无序与烦躁，体验到大海所特具的呼吸——涌动的宁静和持续的张力。

2005年度：在裂变与重聚中创生——2001—2005年中国教育学科发展评析

21世纪初诞生的《中国教育学科年度发展报告》（以下简称《报告》）至今已满五岁了。

这一系列充满远譬近喻的诗性语言是叶澜学术文本的重要构成。正如康德（I. Kant）所指出的那样，如果没有事例直观图像，概念其实是空的。他说："我们很想把我们的概念放得再高些，让它们更抽象于感官感性，可仍有许多视觉想象挂在概念上面，视觉想象一般不出自经历察知，但它们自身的目的是要像察知一样得到使用。因为如果概念不能以直观形象（这个直观形象总是一个例子，出自某个可能的察知）为基础，我们怎么可赋予我们的概念以内容和含义？"①通过具有内在张力的象征符号，叶澜也表明，"生命·实践"教育学不只是抽象的理念探讨，而且带着生命实践的温情和热情，从而内含着"道不远人"的中华文脉。"生命·实践"教育学作为一个开放的体系，既是一个中心点，也是一个八方汇聚点，为在中外文化沟通背景下建构具有中国文化特色的教育学知识形态提供了范例。

三、洞微烛远

叶澜诗性语言的第三个特色是中国文化所特有的"体悟"特质。"体"是指身体力行，"悟"是指顿悟和洞察。可以说，体悟是叶澜"以身立学"的重要表征。不同于坐而论道，她说，"生命·实践"学派回归与突破最深的一个"猛子"是扎入当代教育实践之涌动不息的大海，尤其是深度介入当代中国基础教育学校改革的实践。②正因为身体力行，在她的论著中总能把现实问题与学术问题"沟通"起来，构建现实中的逻辑框架，挖掘观点背后的观点，从而形成不同于已有观点的系统理论和认识。

（一）深度汇谈

在"新基础教育"研究过程中，经常需要通过教师的行为方式来看教师头脑里的观念；通过教师的言谈方式，来看教师的思维品质。这需要卓越的观察和倾听能力。能够透过外在的描述，洞穿内在的取向，可谓善听者。体悟就是要在观察和倾听中悟出别人是怎样想的或者根据什么在说，想要说出什么，从而品味出别人的个性，听出言外之意。

---

① 内格特.政治的人：作为生活方式的民主[M].郭力，译.桂林：漓江出版社，2015：6.
② 叶澜.回归突破："生命·实践"教育学论纲[M].上海：华东师范大学出版社，2015：36.

听说评课活动是我国各级各类学校中历久弥新的常规教研活动。由于它主要发生在基层学校内，常常被校本研究的提倡者所推崇；由于它同教师发展联系在一起，又被教师教育研究者所推崇；又由于它同非正规的继续教育形式和教师这一成人群体联系在一起，因而被成人教育和终身教育研究者所关注。上课是学校教育活动型存在中最基础、最大量的活动，是一切教学活动的核心，"新基础教育"研究力求建立一种以上课为中心的教学反馈链，而完整的教学反馈链是教师职业生存方式的基本体现，是教师区别于其他从业人员的基本标志。

这一教学反馈链也是教师学习的基本场域。例如，在主体上，既有教师的学习，也有合作者的学习；在学习单位上，既有个体学习，也有团体学习；在学习指向上，既有我向学习，也有他向学习；在学习情境上，既有通过在行动中的反思发生的学习，也有通过对行动的反思发生的学习；在学习价值上，既有单环路学习，也有双环路学习；等等。

叶澜特别看重其中的两种学习样态。其一是上课教师在课后反思和自评中发生的学习。这种学习发生在对自己已经做的或经历的事件进行反思的过程中。通过对自己实践的反思和重建实现的学习，个人对自己实践的所得所失以及过程的认识理性化、清晰化、自觉化，并形成能提升个人实践的内在理论。叶澜称之为"我向学习"。由我向学习所获得的理论还形成元认知，使个人对自己实践的理性认识达到策略层次。她认为这种学习实践是促使个体内在理论发展的最富有能动性的实践，由此形成的个体理论也是最富促进个人实践发展能动性的理论。

其二是上课教师在说课和评课过程中发生的对他人反思性经验的学习。教学反思并不是封闭的，仅与自我反思相关，只是具有向内思维的一面，而是还包括与他人对话、交流与沟通的向外吸取信息的一面。在向外吸取信息的过程中，上课教师是积极倾听者，说课和评课过程中的发言者——通常是上课教师的同行、领导和同伴，是学习的对象。学习的内容包括：参与者的关注点有哪些，他们如何进行点评，为什么进行这样的点评等。

教育学研究者十分关注"默会的"知识和"编码的"知识或缄默知识和显性知识之间的区分以及相互转化。在"新基础教育"研究的听说评课活动中，"捉虫"的过程就是使缄默知识显性化并得到检讨的过程；而"喔"效应就是使显性知识内化并得到应用的过程①。在这个意义上，听说评课就成为不同的教育学知识形态发生相互作用的场所。

叶澜指出："'新基础教育'就是要把教师群体组织转化为学习化组织，把个人转变成一个自觉的终身学习者。"②换言之，听说评课不仅蕴含着教师个体学习的多种可能，而且蕴含着教师团体学习的多种可能。团体学习是发展团体成员整体搭配与实现共同目标能力的过程。个体学习是团体学习的基础，但团体学习并非个体学习的简单相加；组织中所有成员的积极学习，并不代表能够实现团体学习、构成学习型组织。团体学习的修炼从"深度汇谈"开始：深度汇谈是一个团体的所有成员，摊出心中的假设，而进入真正一起思考的能力；反思与探询的技巧为深度汇谈提供了基础③。建立在反思与探询技巧上的深度汇谈，将是一种更可靠的团体能力，因为它较不依赖如团体成员之间、某种良性关系这类特定的先决条件。反思的技巧用在放慢思考过程，使我们更能发觉自己的心智模式如何形成，以及其如何影响我们的行动。探询的技巧则是关于我们如何跟别人进行面对面的互动，特别是处理复杂与冲突的问题。在"新基础教育"教研活动中，听说评课过程就是这样一个反思与探询的过程，从而在教师群体中发展出一种深度汇谈的能力。

---

① 叶澜.在学校改革实践中造就新型教师——《面向21世纪新基础教育探索性研究》提供的启示与经验[J].中国教育学刊，2000(4)：61.
② 叶澜."新基础教育论"——关于当代中国学校变革的探究与认识[M].北京：教育科学出版社，2006：370.
③ 圣吉.第五项修炼——学习型组织的艺术与实务[M].郭进隆，译.上海：三联书店，1994：283，220.

"新基础教育"研究的听说评课[①]不局限在教学行为的评价上，而是着力于揭示教学行为背后的观念，即指出与这种教学行为相关的教师头脑中的"内隐理论"。这种由外显行为追溯内隐理论的过程被戏称为"捉虫"，捉头脑中的虫，它的更重要的价值在于使教师获得了真实体验，从而提高反思自己教学行为的需求与能力。然后，评课者再进一步指出如果改变头脑中的观念，那么可以采取怎样的教学行为，从而为教师提供有关新教学观念与新教学行为关联的例证。教师往往在这个时刻会有所顿悟，发出"喔，原来是这样"的感叹。这一在教师头脑中建立起新观念与新教学行为关联的认识效应被戏称为"喔"效应。

相约星期二[②]

为了使教师有意识地与旧的教育观念"决裂"，1999年9月，我们开展了在"新基础教育"理念引领下的课堂教学改革，区教育局把每周的星期二定为区级"新基础教育"研究活动的"法定日"，并赋予其一个诗意的名称："相约星期二"。每逢这一天，华东师大专家、本区教研员、教育局行政领导一起深入实地进行广泛的听课、评课活动。试验初期带来的是新旧教育观念及行为的碰撞和冲突，专家们入木三分、一针见血的评课，不只是指向教师教学行为中呈现的问题，而且还指向呈现行为背后的思想观念的剖析，如学生观、学科育人价值观以及课堂教学的过程观等。正如一位试验老师在日后的回忆文章中写到的那样：这一"雷打不动"的现场研究活动，成了专家与教师之间、理论与实践之间交互质疑、印证、反思的过程。教师们从封闭、困顿、迷茫中走出

---

① 叶澜.在学校改革实践中造就新型教师——《面向21世纪新基础教育探索性研究》提供的启示与经验[J].中国教育学刊，2000(4)：61.
② 程丽芳，陆燕琴."新基础教育"扎根闵行20年[J].上海教育，2020(31)：44.

来，产生越来越多的"喔"效应，从而对何为"新基础教育"课堂教学、班级建设的改革要求有了越来越清晰的认识。

这种听说评课并不局限于教师与研究者之间，它还在教师与教师之间，在不同的学校之间围绕同一节课开展，从而为教师增加了更多合作、创造与发展的空间。在不同合作者之间发生的"捉虫"和"喔"效应是教育理论与实践进行结合和沟通的最微观的机制，也是在讨论理论与实践转化问题时容易忽略的幽微之处。"新基础教育"研究性变革实践为"生命·实践"教育学派在理论与实践关系问题[①]上形成独特见解提供了深厚的土壤，叶澜在这一问题上进行了持续25年的深入探索。

（二）共舞共长

深度汇谈的修炼还包括学习找出有碍学习的互动模式。例如在听说评课过程中，由于长期受"公开课""示范课"等以积极面目示人的潜意识的影响，很多教师为了达到满意的听评课效果，往往在开课之前预先练习，结果使公开课演变成表演课、作秀课，再加上参与听说评课的教师往往过于客套，说一些不痛不痒的场面话，对于有名的教师和自己身边的同事更是如此，听说评课也就失去了教师学习的意蕴。

如果照此去做，就不可能发现教学中存在的问题，也不可能触动教师的内隐理论和心智模式，教师学习的多样形态更不可能出现。为了打破有碍教师学习的互动模式，"新基础教育"研究在听说评课过程中采取了以下做法。一方面，要求学校领导改变观念，把听说评课当作研究过程，而不是为了评价教师的教学水平，影响教师的职称评定，评选先进以及工资待遇等。另一方面，"新基础教育"研究强调真实的课总是有缺憾的课，课中存在问

---

① 叶澜.转化融通在合作研究中生成——四论教育理论与教育实践的关系[J].教育研究，2021（1）：31-58.

题与不足是正常现象，不发现问题才是不正常的，教师不必顾虑重重。在发展性研究的后期，"新基础教育"研究进一步总结了对一堂好课的看法，即具有真实、平实、丰实、扎实的特征，并提出了"发现问题就是发现发展空间"的观点[①]。显然，不同性质的问题对教师发展具有不同的意义：基础性问题尤其是教学常规性问题的发现对教师发展具有基础性价值；提升性问题的发现对教师发展具有推进性价值；深层的转型性问题的发现则具有转型性价值。

"新基础教育"研究首先追求的是打开"心门"，更加追求转化的门道。打开"心门"不只是打开他人的"心门"，而且要走进自我的"心门"。转化的门道不只是个体层面上的转化，还包括组织层面乃至生态区层面上的转化。"新基础教育"研究作为一种特殊的合作研究系统，其复杂性不仅在于研究层次、领域与主体等方面的广度和多样性，还在于不同研究层次、领域与主体之间的协同互动与交互作用。

"新基础教育"研究作为一种特殊的合作研究系统，包含了多个研究层次，即班级、学校、生态区、共生体及其之间的各种中介层次，如年级、校区、生态组等；多个研究领域，即学校领导与管理、教学和学生工作三个领域，其中教学领域又由不同学科或学科群等具体领域构成，学生工作也由班级、年级和学校等不同层面上的多种类型的综合活动构成；多种研究主体，即理论研究者和教育实践者，其中理论研究者包含来自不同研究机构和不同领域的指导者，教育实践者则包含班级、年级、校区、学校和生态组或生态区等不同层次，以及承担领导与管理、教学和学生工作等不同领域的教育实践者。就研究主体而言，协同互动与交互作用不仅发生在理论研究者与教育实践者两个群体之间，还发生在两个群体内部。其中，在教育实践者一方，有处于生态区层面的区域教育领导与管理者，也有处于学校层面的领导与管

---

① 叶澜."新基础教育论"——关于当代中国学校变革的探究与认识[M].北京：教育科学出版社，2006：389.

理者,还有具体领域的负责人、骨干教师和其他参与者。"新基础教育"研究的基本理念和实践策略在不同层面承担着不同领域职责的主体之间传递和生成,从而形成协同效应,并为参与其中的不同主体提供了新的实践空间和发展可能。

如图7-1所示,在多层次、多领域与多主体之间的共通互化过程中,"新基础教育"研究的独特性在于追寻变革的美学,即理论研究者与教育实践者在成事与成人、理论与实践、时代转型与学校转型互动过程中的共舞和共长。有关这一方面的论述可以参见叶澜《略论"新基础教育"研究之路的若干特征》(《基础教育》2011年第2期)、《大中小学合作研究中绕不过的真问题——理论与实践多重关系的体验与再认识》(《教育发展研究》2014年第20期)、《"新基础教育"内生力的深度解读》(《人民教育》2016年第3-4期)等系列论著,以及叶澜还未发表的《关于本人"教师观"的形成过程与逻辑结构的自我解读》和"以身立学汇"①微信群内有关叶澜"教师观"的主题讨论汇总。

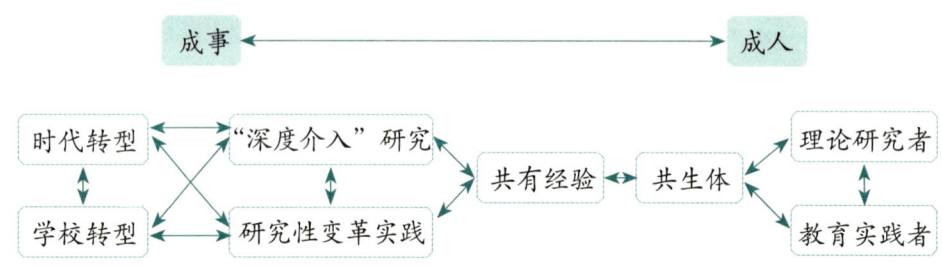

图7-1 理论研究者与教育实践者之间的互动机制

叶澜是这一变革美学的持续领舞者。其有关教师发展观的理论也建构了一种特殊的成人发展与学习理论,而且这种特殊中也蕴藏着一般的成人发展

---

① 2016年7月21日,"以身立学汇"建立。该汇是自觉承担"生命·实践"教育学派建设的核心共生体,是叶门师生自愿结成的精神志趣聚合体,也是有志于中国教育学发展的学术命运共同体。

与学习理论。在《"生命·实践"教育学研究》(第1辑)中,笔者之一曾以"研究性变革实践与变革性学习:教育学科间的对话"为题讨论了研究性变革理论与作为一种成人学习理论的变革性学习理论之间的沟通与互释。现在看来,这一变革的美学还蕴藏着更多有待挖掘的新观点,本书就是挖掘这一系列新观点的尝试。

参考文献

一、著作

[1] 卜玉华."新基础教育"外语教学改革指导纲要（英语）.桂林：广西师范大学出版社，2009.

[2] 方东美.生生之美[M].北京：北京大学出版社，2009.

[3] 顾文秀，王晓.生命自觉：新型教育者的成长之路——上海市闵行区七宝明强小学学校变革史[M].福州：福建教育出版社，2014.

[4] 何学锋，等.根深叶茂：老校在变革中焕发活力——上海市闵行区实验小学"新基础教育"研究变革史[M].福州：福建教育出版社，2014.

[5] 华东师范大学"生命·实践"教育学研究院."生命·实践"教育学研究（第1辑）[C].上海：上海教育出版社，2017.

[6] 黄南渊.建筑美学的春天：一个城市设计家50年的实践与追求[M].北京：清华大学出版社，2013.

[7] 蒋勋.美的沉思[M].长沙：湖南美术出版社，2014.

[8] 李家成，王晓丽，李晓文."新基础教育"学生发展与教育指导纲要[M].桂林：广西师范大学出版社，2009.

[9] 李伟平，等.整体化成：始于理念成于生存方式——常州市局前街小学"新基础教育"研究变革史[M].福州：福建教育出版社，2014.

[10] 李晓文.青少年发展研究与学校文化生态建设[M].北京：教育科学出版社，2010.

[11] 李晓文.学生自我发展之心理学探究[M].北京：教育科学出版社，2001.

[12] 李学勤.字源[Z].天津：天津古籍出版社，2012.

[13] 李泽厚.华夏美学[M].武汉：长江文艺出版社，2019.

[14] 李泽厚.美的历程[M].北京：生活·读书·新知三联书店，2009.

［15］李泽厚.实用理性与乐感文化［M］.北京：生活·读书·新知三联书店，2005.

［16］李泽厚.美学四讲：修订插图本［M］.天津：天津社会科学院出版社，2001.

［17］李政涛，吴玉如."新基础教育"语文教学改革指导纲要［M］.桂林：广西师范大学出版社，2009.

［18］林语堂.生活的艺术［M］.南京：江苏文艺出版社，2009.

［19］彭锋.生与爱（古代中国人审美意识的哲学根源）［M］.长春：东北师范大学出版社，1997.

［20］饶宗颐.符号·初文与字母——汉字树［M］.上海：上海书店出版社，2000.

［21］屠红伟，等.自育自强：滋养生命之林蓬勃生长——上海市闵行第四中学"新基础教育"十年的文化发展史［M］.福州：福建教育出版社，2014.

［22］王冬娟，等.越而胜己：源于坚持日常实践变革之伟力——常州市第二实验小学"生命·实践"教育学合作研究校创建史［M］.福州：福建教育出版社，2014.

［23］王前.生机的意蕴：中国文化背景的机体哲学［M］.北京：人民出版社，2017.

［24］王培颖，等.校无贵贱：是花朵就会绽放——上海市闵行汽轮小学变革史［M］.福州：福建教育出版社，2014.

［25］王叶婷，等.一坪绿色：在新世纪阳光下呈亮——上海市闵行区华坪小学变革史［M］.福州：福建教育出版社，2014.

［26］吴亚萍."新基础教育"数学教学改革指导纲要［M］.桂林：广西师范大学出版社，2009.

［27］吴玉如.中小学生语文能力培养与实践［M］.福州：福建教育出版社，2014.

［28］杨伯峻.论语译注［M］.北京：中华书局，2009.

［29］叶澜.变革中生成：叶澜教育报告集［C］.北京：中国人民大学出版社，2019.

［30］叶澜.方圆内论道：叶澜教育论文选［C］.北京：中国人民大学出版社，2019.

［31］叶澜.俯仰间会悟：叶澜随笔读思录［C］.北京：中国人民大学出版社，2019.

［32］叶澜.回归突破："生命·实践"教育学论纲［M］.上海：华东师范大学出版社，2015.

［33］叶澜，庞庆举.深度访谈：读懂创造教育新天地的人们——叶澜与"生命·实

践"教育学合作校部分校长访谈录[M].福州：福建教育出版社，2014.

[34] 叶澜，李政涛，等."新基础教育"研究史[C].北京：教育科学出版社，2010.

[35] 叶澜."新基础教育"成型性研究报告集[C].桂林：广西师范大学出版社，2009.

[36] 叶澜.教育概论（修订版）[M].北京：人民教育出版社，2006.

[37] 叶澜."新基础教育"论——关于当代中国学校变革的探究与认识[M].北京：教育科学出版社，2006.

[38] 叶澜."新基础教育"发展性研究报告集[C].北京：中国轻工业出版社，2004.

[39] 叶澜.教育研究方法论初探[M].上海：上海教育出版社，1999.

[40] 叶澜."新基础教育"探索性研究报告集[C].上海：三联书店，1999.

[41] 叶澜.教育概论[M].北京：人民教育出版社，1991.

[42] 张法.美学的中国话语[M].北京：北京师范大学出版社，2008.

[43] 张琳.博物馆中的美术课[M].上海：少年儿童出版社，2018.

[44] 张向众、叶澜."新基础教育"研究手册[M].福州：福建教育出版社，2015.

[45] 张永.生活美学："生命·实践"教育学审美之维[M].上海：华东师范大学出版社，2015.

[46] 赵士林.当代中国美学[M].北京：人民教育出版社，2008.

[47] 朱良志.中国美学十五讲[M].北京：北京大学出版社，2006.

[48] 伯林特.生活在景观中——走向一种环境美学[M].陈盼，译.长沙：湖南科学技术出版社，2006.

[49] 内格特.政治的人：作为生活方式的民主[M].郭力，译.桂林：漓江出版社，2015.

[50] 鲍桑葵.美学史[M].彭盛，译.北京：当代世界出版社，2007.

[51] 博克斯.公民治理：引领21世纪的美国社区[M].孙柏瑛，等译.北京：中国人民大学出版社，2012.

[52] 齐尼.变的美学：一个颠覆传统的治疗视野[M].丘羽先，译.台北：心灵工坊文化事业股份有限公司，2008.

［53］杜威.艺术即经验［M］.高建平,译.北京:商务印书馆,2005.

［54］杜威.民主主义与教育［M］.王承绪,译.北京:人民教育出版社,1990.

［55］盖尔.交往与空间［M］.何人可,译.北京:中国建筑工业出版社,2002.

［56］黑柳彻子.窗边的小豆豆［M］.赵玉皎,译.海口:南海出版公司,2018.

［57］胡森,波斯尔思韦特.国际教育百科全书(第7卷)［C］.贵阳:贵州教育出版社,1990.

［58］康德.论教育学［M］.赵鹏,译.上海:上海人民出版社,2005.

［59］克雷纳,马来亚.加德纳艺术通史［C］.李建群,王燕飞,胡晓岚,等译.长沙:湖南美术出版社,2013.

［60］昆德拉.小说的艺术［M］.董强,译.上海:上海译文出版社,2011.

［61］洛夫.林间最后的小孩——拯救自然缺失症儿童［M］.郝冰,王西敏,等译.长沙:湖南科学技术出版社,2013.

［62］凯恩R,凯恩G.创设联结:教学与人脑［M］.吕林海,译.上海:华东师范大学出版社,2004.

［63］梅.存在之发现［M］.方红,郭本禹,译.北京:中国人民大学出版社,2008.

［64］布伯.我与你［M］.陈维纲,译.北京:生活·读书·新知三联书店,2002.

［65］马克思.1844年经济学哲学手稿(第3版)［M］.中共中央马恩列斯著作编译局编译.北京:人民出版社,2000.

［66］马克思,恩格斯.马克思恩格斯选集·第1卷［M］.北京:人民出版社,1995.

［67］马库斯,弗朗西斯.人性场所:城市开放空间设计导则［M］.俞孔坚,等译.北京:中国建筑工业出版社,2001.

［68］马奇.经验的疆界［M］.丁丹,译.北京:东方出版社,2011.

［69］莫兰.复杂思想:自觉的科学［M］.陈一壮,译.北京:北京大学出版社,2001.

［70］圣吉.第五项修炼——学习型组织的艺术与实务［M］.郭进隆,译.上海:三联书店,1994.

［71］特纳.象征之林:恩登布人仪式散论［M］.赵玉燕,欧阳敏,徐洪峰,译.北京:商务印书馆,2012.

［72］维科.新科学［M］.朱光潜,译.北京:人民文学出版社,1986.

二、论文

[1] 程丽芳,陆燕琴."新基础教育"扎根闵行20年[J].上海教育,2020(11A).

[2] 高维,郝林玉.教育隐喻与理论创新——叶澜先生教育思想中的隐喻研究[J].基础教育,2019(2).

[3] 高玉.语言的三个维度与文学语言学研究的三种路向[J].江苏社会科学,2006(3).

[4] 李政涛.现场学习力:教师最重要的学习能力[J].人民教育,2012(21).

[5] 石虎.论字思维[J].诗探索,1996(2).

[6] 王楠.叶澜:教育,是觉醒生命的事业[J].教育家,2018(28).

[7] 王枬.教育学立场的美学审视[J].教育研究,2007(12).

[8] 汪仲启.叶澜:构建"生命·实践"教育学派[N].社会科学学报,2014.

[9] 吴中胜.汉字的诗性特征与中国古代文论的思维方式[J].文艺理论研究,2005(1).

[10] 叶澜.转化融通在合作研究中生成——四论教育理论与教育实践的关系[J].教育研究,2021(1).

[11] 叶澜.溯源开来:寻回现代教育丢失的自然之维——《回归突破:"生命·实践"教育学论纲》续研究之二(下编)[J].中国教育科学,2020(2).

[12] 叶澜.溯源开来:寻回现代教育丢失的自然之维——《回归突破:"生命·实践"教育学论纲》续研究之二(中编)[J].中国教育科学,2020(1).

[13] 叶澜,罗雯瑶,庞庆举.中国文化传统与教育学中国话语体系的建设——叶澜教授专访[J].苏州大学学报(教育科学版),2019(3).

[14] 叶澜.中国哲学传统中的教育精神与智慧[J].教育研究,2018(6).

[15] 叶澜.探教育之所"是",创学校全面育人新生活——新时期"新基础教育"研究再出发[J].人民教育,2018(13-14).

[16] 叶澜.溯源开来:寻回现代教育丢失的自然之维——《回归突破:"生命·实践"教育学论纲》续研究之二(上编·其二)[J].教育发展研究,2018(3).

[17] 叶澜.溯源开来:寻回现代教育丢失的自然之维——《回归突破:"生命·实

践"教育学论纲》续研究之二（上编·其一）[J].教育发展研究,2018(2).

[18] 叶澜."新基础教育"内生力的深度解读[J].人民教育,2016(3-4).

[19] 叶澜.终身教育视界：当代中国社会教育力的聚通与提升[J].中国教育科学,2016(3).

[20] 叶澜.略论"新基础教育"研究之路的若干特征[J].基础教育,2011(2).

[21] 叶澜.扎实 充实 丰实 平实 真实——"什么样的课算一堂好课"[J].基础教育,2004(7).

[22] 叶澜.教育创新呼唤"具体个人"意识[J].中国社会科学,2003(1).

[23] 叶澜.思维在断裂处穿行——教育理论与教育实践关系的再寻找[J].中国教育学刊,2001(4).

[24] 叶澜.在学校改革实践中造就新型教师——《面向21世纪新基础教育探索性研究》提供的启示与经验[J].中国教育学刊,2000(4).

[25] 叶澜.反思学习重建——十五年学术探索的回顾[J].天津市教科院学报,2000(4).

[26] 叶澜.让课堂焕发出生命活力——论中小学教学改革的深化[J].教育研究,1997(9).

[27] 叶澜.博士生质量标准中"博"与"专"关系之我见[J].学位与研究生教育,1997(1).

[28] 叶澜.世纪之交中国学校教育文化使命之思考[J].教育参考,1996(5).

[29] 张世英.语言的诗性与诗的语言[J].中国人民大学学报,2000(1).

后　记

　　审美是叶澜教育研究的重要维度之一。叶澜老师的许多研究文本都是诗性语言、诗性思维与诗性心智的统一体，本身就富有美感。同时，这些研究文本又有多方面的根脉，尤其是中国传统文化之根，充盈着具有中国文化特色的审美趣味。我们认为，阐释叶澜教育研究和教育思想不能忽略审美之维。这也是我们在"'生命·实践'教育学论著系列"中《生活美学："生命·实践"教育学审美之维》的基础上继续进行探究的初衷。

　　由于审美包含了感性、理性与灵性等相互缠绕的不同要素，因此阐释叶澜教育研究的审美意蕴需要的是语言、思维与心智等不同面向的共通感。作为叶澜老师的学生，我们具有一定的基础，并可以视域融合之处为起点展开探究。一旦起步，我们不断感受到，这种探究也是一种持续发现、吸收、更新和扩展的学习过程。

　　笔者之一（张永）一直沉浸在叶澜老师所开创的"新基础教育"研究学生工作领域中，这一领域从探索性研究阶段开始，历经前后更迭的多个阶段，演进到今日的新时期再出发阶段，既有一以贯之的学生观和学生立场，也有不断拓展的有关主题班会、节点活动和四季综合活动等的新观点。其中有些观点已经融入笔者的语言、思维与心智，有些观点则在此次探究过程中被发现，并通过体会领悟加以吸收后更新和扩展了已有的视域。

　　更具冲击性的是，走出学生工作领域进入"新基础教育"研究的学校整体层面，追求学校整体转型变革，是叶澜老师用力最多之处，也是"新基础教育"研究的独特个性。探究这一层面，无论是学校境界还是校园时空，犹如一场历险，又如浮出水面的深呼吸，时常有惊奇喟叹和豁然明朗之感。幸甚至哉，能够通过这次学习和探究系统领受叶澜教育研究与教育思想，并能够在这一过程中得到叶澜老师的点拨和指教。

  本书提纲和初稿均曾得到叶澜老师和丛书主编王枬老师、李政涛老师以及"生命·实践"教育学派其他成员的指正，在此深表谢意！同时，非常感谢本书执行编辑程军老师，责任编辑赖婷婷老师的大力支持和帮助！

张永 庞庆举

2021年5月6日